삼서강의

대학·논어·중용, 삶의 통찰력으로 읽다

삼서강의

김해영 지음

안티쿠스
ANTIQUUS

머리말

공자가 살던 2500년 전, 세상은 혼란했습니다. 맹자가 살던 2300년 전에도 세상은 혼란했고요. 그런가 하면 주자가 살던 800년 전에도 세상은 혼란했고, 퇴계와 율곡이 살던 450년 전에도 세상은 혼란했으며, 정조가 다스리던 200년 전에도 혼란은 여전했습니다. 따지고 보면 혼란하지 않은 적이 별로 없었던 것 같습니다.

그러나 혼란한 세상에서도 '올바른 세상', '올바른 나라를 만들어야 한다'는 일념으로 잘못된 것을 바로 잡으려는 사람들이 적지 않았습니다. 바로 '시대의 리더'들이었습니다. 변증법적으로 해석해도 이유는 충분하겠지만, 요지는 항상 '깨어있는 사람들 덕분'에 세상이 이만큼이라도 유지돼온 비결이 아닌가 생각합니다.

『삼서강의』는 기존의 『공직자, 논어를 읽다』의 일부 내용과 『대학』, 『중용』의 명문名文 일부씩을 뽑아 한 권의 책으로 엮은 것입니다. 처음 『사서강의』라고 하여 『맹자』까지 포함시키고자 하였으나 『맹자』의 분량이 방대하여 별도로 출판하기로 하고, 『대학』과 『논어』, 『중용』의 명문들로 한정하여 출간하게 된 것입니다.

많은 사람들이 알고 있다시피 『대학』이나 『논어』, 『중용』 등은 원래 치자治者들을 위한 책이었습니다. '통치를 위한 기본서'라고 규정해도 과언이 아닐 만큼, 역대 제왕諸王들의 교과서 역할을 담당하였고, 얼마 전까지 지도층에 있던 사람들은 하나 같이 이를 치세治世의 근본으로 삼아 항상 곁에 두고 읽었습니다.

조선의 22대 임금인 정조는 철학자이자 군주로서 이른바 '철인정치'를 한 장본인이었습니다. 그는 통치기간 내내 손에서 책이 떠나지 않은 독서광이었지요. 그가 선호했던 책 가운데 『대학』, 『중용』은 각별했습니다. 어떤 책보다 가치를 높게 평했지요. 그가 『대학』을 '제왕帝王의 학문'으로 여긴 것이 이를 뒷받침합니다.

나아가 정조는 『대학』의 명명덕(明明德 : 밝은 덕을 밝힘)을 구현하기 위해 '경敬을 핵심 요체'로 삼았고, '신독愼獨을 구체적인 실천 방법'으로 삼았습니다. 또 『중용』의 성誠을 통해 자강불식自强不息 하고자 각고의 노력을 병행했지요. 즉 『대학』의 경敬과 『중용』의 성誠이 그의 정치철학 최고의 이념이었습니다.

『논어』는 어떻습니까? 평가 자체를 논할 수 없을 만큼 인류의 보고寶庫로 여기고 있습니다. 일찍이 북송北宋의 명재상이었던 조보趙普는 『논어』를 논함에 있어서, '반 권의 분량만 가지고도 능히 천하를 다스릴 수 있는 책'으로 평가했습니다. 『논어』 또한 치세의 진리가 듬뿍 담긴 책이지요. 멀리할 수 없는 일입니다.

출판계가 불황이라고 합니다. 어려운 상황일수록 사업을 장기적으로 계획하고 리듬을 타는 지혜가 필요하다는 선현들의 처방에도 좀처럼 회복될 기미가 없는 것은 안타까운 일입니다. 그럼에도 인문학이 세상을 변화시킬 것이라고 굳게 믿고 출판에 나서준 안티쿠스의 김종만 대표께 심심한 감사의 말씀을 드립니다. 부족한 부분은 앞으로 지속적으로 수정 보완해 나가겠습니다. 진심어린 질정叱正을 바랍니다.

2015년 7월, 과거 소들로 가득했던

우만동 연구실에서~

일러두기

1. 이 책은 성균관대학교 유교문화연구소, 『대학 · 중용』(성균관대학교출판부, 2007), 『논어』(성균관대학교출판부, 2005), 성백효, 『대학·중용집주』(전통문화연구회, 1999), 성백효, 『논어집주』(전통문화연구회, 2000)를 기본적인 대본으로 하고, 해설은 이기동, 『대학·중용강설』(성균관대학교출판부, 2000), 『논어강설』(성균관대학교출판부, 1999)을, 문법 및 자해는 류종목, 『논어의 문법적 이해』(문학과 지성사, 2005) 등을 참고하였다.

2. 이 책의 언해와 토는 위의 『대학 · 중용』(성균관대학교출판부, 2007), 『논어』(성균관대학교출판부, 2005)를 참고한 것이기 때문에 퇴계(退溪) 및 율곡(栗谷)의 언해와 토가 참조되었다.

3. 이 책의 「논어」 편은 김해영, 『공직자, 논어를 읽다』(안티쿠스, 2014)를 일부 수정과 재구성하는 과정에서 '군자'와 '공직자' 또는 '리더'를 혼용하여 서술하였다.

4. 이 책의 내용은 예컨대 『대학』의 경우, 대학 의 번역문을 먼저 기술하고, 다음으로 원문 을 삽입하고, 문법과 어려운 글자를 해석하는데 도움을 주고자 자해 를 비교적 상세히 실었으며, 마지막으로 필자 해영 의 설명 순으로 구성했다.

5. 『논어』의 경우 출처 편명을 명시하였고, 『대학』과 『중용』은 전체 문장이 짧아 구체적으로 출처 표시를 하지 않았다.

6. 이 책은 『대학』과 『논어』, 『중용』의 명문(名文) 가운데 시대의 리더들에게 도움이 될 만한 문장만을 뽑아 서술하였다.

7. 처음부터 읽어가는 것이 가장 좋으나, 아무 쪽이나 펴서 읽어도 무방하도록 일부 겹치는 내용을 그대로 두었다. 뿐만 아니라 시대의 리더들의 바쁜 일상을 고려하여 어느 단락이라도 쉽게 읽어낼 수 있도록 하였다.

8. 문장해석의 경우, 학술적으로 논란이 될 만한 부분이 없지 않으나 여기서는 독자의 이해도를 감안, 가능한 실용서로 활용할 수 있도록 다양한 해설서를 기초로 덧붙이는 방식을 취했다.

차례

머리말 4
일러두기 8

1 대학 大學

대학의 도 14
사물의 이치 16
수신修身 19
신민新民 22
근본과 말단 1 26
홀로 삼감 28
공경하는 마음 30
혈구지도 1 32
혈구지도 2 34
근본과 말단 2 36
생식위용生食爲用 39
인자와 불인자 40
이보다 의 42

2 논어 論語

온전한 학문 46
효도와 공손 50
허물 성찰 54
바른 정치 56
정치와 형벌 58
온고지신 61
군자는 무당파 62
참된 앎 64
공정한 인사? 66
모르면 묻는 것 70
인한 마을 73
인자안인仁者安人 75
덕과 이웃 77
문질빈빈文質彬彬 79
지호락知好樂 81
가르침과 리더 83
지자요수 인자요산 86
학이불염學而不厭 88
학문의 목표 91

한 모퉁이 세 모퉁이 93
진실한 즐거움 95
모두가 스승 98
방심은 금물 100
탕탕척척蕩蕩戚戚 102
네 가지 아름다운 덕 103
중책重責 106
스스로 낮춤 108
부재기위不在其位 110
한결같은 배움 112
덕과 여색 113
배움의 성취 115
꽃과 열매 117
군자의 절개 119
가려 먹음 121
생사의 도 125
기질 변화 127
극기복례克己復禮 129
신뢰의 정치 133
다움 136
군자지미君子之美 138
솔선수범 140
충고 142
지도자의 삶 144
도덕적 삶 146
왕도王道 148
정직 150
화이부동和而不同 153
군자와 소인의 인품 155
가르침 158
편안함의 배척 160
문서의 완성 162
상달하달上達下達 165
무위이치無爲而治 166
살신성인 168
원려遠慮 170
군자의 일처리 172
군자의 병통 174
오호惡好 176
소지대수小知大受 178
세 가지 두려움 179
권학勸學 181
아홉 가지 생각 184
성상근습상원性相近習相遠 186
상지하우上知下愚 187
육언육폐六言六蔽 190
향원鄕原 193
여자와 소인 196
불혹不惑 198
동일한 인 199
초탈하지 않는 삶 202
선비의 절개 206
기술자와 군자의 도 208
요·순·우의 도 210

3 중용 中庸

중용의 도 216
경계하고 삼감 218
중화中和 220
중용과 반중용 223
순의 대지 224
칭찬의 효과 227
군자의 힘 229
평범한 도 231
마땅한 도 233
정곡正鵠 235
도의 계제 238
귀신鬼神 240
인의 정치 242
지인용知仁勇 248
범사凡事 250
천도와 인도 251
지행합일 254
달도달덕達道達德 256
성교性教 259
지성至誠 260
지성여신至誠如神 263
존덕성尊德性 266
거상불교居上不驕 269
왕천하王天下 271
군자지동君子之動 272

참고문헌 276
찾아보기 278

1

대학

大學

대학의 도

대학

대학의 도는 밝은 덕을 밝힘에 있고, 민중을 새롭게 함에 있으며, 지극한 선에 그침에 있다.

원문

大學之道는 在明明德하며 在親(新)民하며 在止於至善이니라

자해

* 대학大學 : 대인大人의 학문. 도道 : 방법. 재在 : 있다, 여기서는 동사로 쓰임. 명明 : 밝히다. 명덕明德 : 사람이 태어날 때 품수한 밝은 덕. 재명명덕在明明德 : 명덕을 밝힘에 있다.

* 친親 : 정자程子[1]는 친親을 마땅히 신新으로 해석해야 한다고 하였다. 새롭게 하다, 예전 것을 변화시키다. 지止 : 멈추다, 이르러 옮기지 않음. 어於 : 장소를 표시하는 전치사. 지선至善 : 사리事理의 지극함.

해영

주지하듯 대학大學이라는 말은 대인지학의 준말, 즉 대인의 학문을 뜻합니다. 대인의 자세는 모름지기 명덕明德[2], 즉 하늘에서 받은 '밝은 덕'을 세상에 밝히는데[明明德] 있습니다. 그러므로 배움에 있어서 항상 '밝은 덕'이 어디에서 비롯되는지를 끊임없이 궁구하여 지속해야 합니다. 그리하여 스스로 명덕을 밝히고 있다면, 다음 단계인 사회적 관계인 다른 사람들에게로 미쳐서 그들로 하여금 옛날에 물든 더러움을 제거토록[新民] 해야 하는 것입니다. 이러한 관계가 원만해지면 '지극한 선'에서 그칠 수 있다는 것[止於至善]이 이른바 '삼강령三綱領'의 핵심 내용입니다

1 정이(程頤 : 1033~1107)는 중국 송대(宋代)의 대표적인 학자이다. 이른바 성리학을 집대성 하는데 영향력을 크게 미친 사람이다.

2 명덕은 허령(虛靈)하거나 어둡지 않을뿐만 아니라 중리(衆理)를 갖추고 있어 만사(萬事)에 응한다.

다시 말해, 세상을 살아가면서 '인간관계'를 멀리할 수는 없습니다. 이때 개인적으로는 태어날 때 품수稟受한 '밝은 덕'을 밝혀야 하고, 사회로 나아가서는 민중들을 새롭게 해야 하는 것이지요. 즉 수기修己와 치인治人의 관계를 원만하게 유지하면, 최고의 윤리적 단계인 '지극한 선'에 머물 수 있는 것입니다. 학계에서는 『대학』 한 편의 뜻을 총칭할 때, 일반적으로 팔조목八條目[3]을 언급합니다. 이 팔조목의 요지를 종합하면, '삼강령'에 지나지 않습니다. 이 점을 고려하면, '삼강령'이 『대학』의 근본임을 알 수 있습니다. 끊임없이 절차탁마切磋琢磨해야 하는 이유입니다.

사물의 이치

대학

그칠 데를 안 뒤에 정定함이 있으니, 정定한 뒤에 능히 고요하고, 고요한 뒤에 능히 편안하며, 편안한 뒤에 능히 생각하고, 생각한 뒤에 능히 얻는다. 물物에는 근본과 말단이 있고, 일에는 마침과 시작함이 있으니, 먼저 하고 뒤에 할 것을 알면 도道에 가까울 것이다.

원문

知止而后有定이니 定而后能靜하고 靜而后能安하고 安而后能慮하고 慮而后能得이니라 物有本末하고 事有終始하니 知所先後면 則近道矣리라

자해

* 지知 : 알다. 여기서는 진지眞知를 뜻함. 즉 실천해야 함을 의미. 지止 : 마땅히 그칠 곳. 지극히 선한 곳을 뜻함. 이而 : 접속사로 말을 이어갈 때 주로 쓰인다. 이후而後 : 이후以後와 같음. 뒤에. 정定 : 정하다, 뜻에 일정한 방향이 있음. 능能 : 능하다. 정靜 : 고요하다, 고요하여 흔들리지 않음. 안安 : 편안하다, 처한 곳이 편안함. 여慮 : 생각하다. 일처리가 정밀하고 자세하다. 득得 : 얻다, 그칠 곳을 얻음.
* 물物 : 존재 자체로서의 객관적 사물을 의미. 본本 : 뿌리, 근본. 여기서는 명덕明德, 즉 밝은 덕을 지칭. 말末 : 끝, 말단. 여기서는 신민新民을 지칭. 사事 : 앞의 물物이 공간적인 존재로서의 사물이라면, 사事는 시간적인 존재로서의 사

3 유가(儒家)의 경전인 『대학』의 수기치인(修己治人) 여덟 조목을 일컫는다. 즉 격물(格物), 치지(致知), 성의(誠意), 정심(正心), 수신(修身), 제가(齊家), 치국(治國), 평천하(平天下)이다.

물을 뜻함. 종終 : 끝나다, 마치다. 여기서는 능득能得을 지칭. 시始 : 시작하다, 비롯하다. 여기서는 지지知止를 의미.

해영

어떻게 하면 밝은 덕[明德]을 밝히고, 민중을 새롭게[新民] 하며, 지극한 선에 이르러 멈추게[止於至善] 할 수 있을까요? 이를 위해서는 사물의 이치를 오랫동안 궁구窮究해야 합니다. 사물의 이치가 마침내 통달되어야 일정한 방향이 정해질 수 있기 때문입니다. 뜻이 정해지면, 마음은 밖의 사물에 미혹되지 않고 오직 '지극히 선한 것'만을 주장하게 되어 고요해질 수 있습니다.

마음이 고요해지면, 이치가 순하게 맞아 떨어져 스스로 조용[從容]하고 한가하여 몸이 처한 바를 좇아 편안해질 수 있습니다. 편안해지면 어찌 될까요? 자신도 모르는 사이에 마주치는 온갖 사물이 평소처럼 정밀하게 행하여지는 것을 생각할 수 있습니다. 이쯤 되면 일에 따라 이치를 확인할 수 있고, 기미幾微4를 궁구하게 되며, '명덕'과 '신민'이 각각 그칠 데를 알게 되는 것이지요.

문제는 내가 먼저 덕을 밝히고 난 뒤에야, 민중을 새롭게 할 수 있기 때문에 근본과 말단이 존재한다는 것입니다. 아는 것과 얻는 것이 모두 일[事]이지만, 반드시 그칠 곳을 안 뒤에야 얻을 수 있기 때문에 마침과 시작함이 있는 것이지요. 따라서 일을 함에 있어서 먼저하고 뒤에 하는 것[5]을 안다면, 움직이는 방향이 어그러지지 않아 '『대학』에서 말하는 도'에 이를 수 있을 것입니다.

수신修身

대학

천자로부터 서인에 이르기까지 일체 모두 수신修身을 근본으로 삼는다.

원문

自天子로 以至於庶人이 壹是皆以修身爲本이니라

---

4 기미 대신 찰미(察微)로 쓰기도 한다. 중국 진나라 때, 여불위(呂不韋)에 의해 만들어진 『여씨춘추(呂氏春秋)』에 나오는 말로, '작은 부분을 잘 살펴야 함'을 뜻한다. 가령 암세포를 초기에 발견하면 치유하기 쉽듯, 사태가 커지기 전에 조기에 기미를 파악하는 일은 무엇보다 중요하다는 의미다.

5 대개 마침[終]과 시작[始]함과 근본[本]과 말단[末]이 있다면, 하는 일 가운데 먼저 해야 할 일[先]과 나중에 해야 하는 일[後]이 있을 것이다. 이를 알 수 있

자해

* 자自 : 영어의 from과 같은 시발점을 표시하는 전치사. ~로부터. 지至 : 영어의 to와 같은 도달점을 표시하는 전치사. ~까지. 천자天子 : 상제上帝의 아들로 천명天命을 받은 사람을 지칭. 황제皇帝[6]라는 칭호가 제정되기 전까지 군주는 일반적으로 왕王 또는 천자天子로 불렸다. 왕王은 '훌륭한 사람'을 의미. 서인庶人 : 일반 민중을 뜻함.
* 일壹 : 하나, 한결같이. 일시壹是 : 일체一切. 개皆 : 모두, 함께. 수신修身[7] : 직역하면 몸을 닦는 것으로 표현하는 것이 맞지만, 여기서는 마음을 먼저 바르게 함을 뜻한다. 위爲 : '~로 삼다'라는 뜻의 동사.

해영

이른바 팔조목八條目을 종합하면, 격물格物, 치지致知, 성의

다면, 질서가 생겨 어그러지는 일이 없을뿐만 아니라 가까운 것을 경시하고 먼 것을 중시하는 일 또한 없을 것이다.

6 고문헌에 의하면, 황제(黃帝)와 황제(皇帝)는 통용되었다. 이는 황(黃)과 황(皇)은 음(音)이 같기 때문으로 보인다. 그러나 황제(黃帝)가 황제(皇帝)로 변한 것은 오행설(五行說)에 의한 것으로 전한다. 『여씨춘추(呂氏春秋)』나 『서경(書經)』 등에 따르면, 황제가 처음 제후가 되었을 때, 당시의 천하는 매우 소란하고 제후들은 서로 다투기만을 일삼았다. 치우(蚩尤)는 특히 포악하여 난(亂)을 일으켰는데, 천자인 신농씨(神農氏)는 그를 평정하지 못하였다. 이때 황제가 탁록(涿鹿)의 벌판에서 치우를 죽였다. 이에 제후들이 그를 추대하여 천자(天子)가 되었다. 황제 제위 100여 년(B.C.2697~B.C.2598) 동안 그의 판도(版圖)는 서쪽으로 감숙(甘肅)까지 이르고, 동으로는 바다까지, 북으로는 직예(直隸), 남으로는 대강(大江)까지 이르렀는데, 그는 항상 영지(領地)를 순행(巡行) 하면서 길을 만들어 세상이 태평하였다고 한다. 또 『산해경(山海經)』이나 『사기(史記)』 등에 의하면, 신하 창힐(蒼頡)로 하여금 육서(六書)를 만들어 상고(上古)의 결승(結繩)을 대신하게 한 일, 예도(隸道)에게 수(數)를 정하게 하여 도량형(度量衡)을 정하게 한 일, 영윤(伶倫)에게 율려(律呂)를 정하게 하여 오음(五音)을 만든 일, 기백(岐伯)의 자문을 받아 내경(內經)을 만들어 의약(醫藥)의 시초가 된 일 등이 있으며, 화폐를 만들거나 주거(舟車)와 가옥(家屋), 궁시(弓矢), 의관제도(衣冠制度) 등을 만들었다. 그의 후비(后妃)인 누조(嫘祖)는 민중에게 누에 기르는 법을 가르쳐 포백(布帛)으로 옷을 짓게 하였다. 하지만 이는 모두 전설상(傳說上)의 이름으로 연대(年代)와 사적(事跡)은 고찰하여 확증할 수 없다. 다만 그가 국가를 건설한 것이나 문물제도를 많이 발명하였다는 점에서 중국 민족에게 문명을 전해준 개조(開祖)로 오늘날까지 숭앙(崇仰)되고 있다. 한편 우리나라는 황제국(皇帝國)보다 한 단계 낮은 제후국(諸侯國)으로서 중국 황제의 신하 국가로 전하고 있지만, 이는 외교적이고 형식적인 관계일 뿐, 실제로는 황제국 체제를 띠고 있었다. 특히 고려의 경우, 군주를 종(宗)으로 칭하고, 폐하(陛下) · 태후(太后) · 태자(太子) · 짐(朕) · 제(制) · 조(詔) 등 황제국 용어를 사용한 것이 이를 증명한다. 하늘에 대한 제사나 삼성체제(三省體制)를 운용한 점도 이를 뒷받침한다. 또한 직접적인 왕작(王爵)은 없었으나 종친에게 수여한 봉작자(封爵者)들을 통틀어 제왕(諸王)으로 부른 점 등은 고려가 제후국이 아닌 황제국 체제로 운영되었음을 보여준다.

7 가(家) 또는 국(國)을 다스리기 전에, 먼저 자신의 몸과 마음을 잘 다스려야 함을 뜻한다. 이와 유사한 논의로는 『논어』, 「子路」에서도 확인할 수 있다. "자신의 몸이 바르다면 명령하지 않아도 행하여지고, 그 자신의 몸이 바르지 않다면 비록 명령을 내려도 따르지 않는다."(子曰, 其身正, 不令而行, 其身不正, 雖令不從.) 이는 사회생활이나 정치에 있어서 수신(修身)이 기본임을 알 수 있다.

誠意, 정심正心[8]은 이른바 수신修身 = 修己에 대한 말씀이요, 제가齊家, 치국治國, 평천하平天下[9]는 '수신'으로부터 미루어 나간, 이른바 치인治人에 대한 논의입니다. 이처럼 '수신'은 굉장히 중요한 덕목임을 알 수 있습니다. 따라서 천자天子로부터 서인庶人에 이르기까지 '천하를 움직이는 모든 사람들'은 격물과 치지, 성의, 정심하여 그것을 담보로 제가, 치국, 평천하 하는데 애써야 하겠습니다.

신민新民

대학

탕왕의 반명盤銘에 이르기를, "진실로 날로 새롭거든, 나날이 새롭게 하고, 또 나날이 새롭게 하라"고 하고, 강고康誥에 이르기를, "새로워진 민중을 진작시키라"고 하며, 시詩에 이르기를, "주나라가 비록 옛 나라이나 그 명이 새롭다" 하였으니, 따라서 군자는 그 극極을 쓰지 않는 바가 없다.

원문

湯之盤銘에 曰 苟日新이어든 日日新하고 又日新이라

하고 康誥에 曰 作新民이라 하며 詩에 曰 周雖舊邦이나 其命維新이라 하니 是故로 君子는 無所不用其極이니라

자해

* 반盤 : 대야, 목욕沐浴하는 그릇. 명銘 : 새기다, 그릇에 새겨 스스로 경계하는 말. 구苟 : '진실로'[10]의 의미.
* 작作 : 일으키다. 북을 치고 춤을 추게 하는 것. 수雖 : 비록. 구방舊邦 : 오래된 나라. 시詩 : 『시경詩經』, 「대아大雅, 문왕文王」.[11] 극極 : 지극한 선[至善].

---

8 격물(格物), 치지(致知), 성의(誠意), 정심(正心)은 사물의 이치가 이른 뒤에 앎이 지극해지고, 앎이 지극해진 뒤에 뜻이 성실해지며, 뜻이 성실해진 뒤에 마음이 바루어진다는 의미다.

9 제가(齊家), 치국(治國), 평천하(平天下)는 몸이 바루게 된(正心) 뒤에야 몸이 닦이며, 몸이 닦인(修身) 뒤에 가(家)가 가지런해지고, 가(家)가 가지런해진 뒤에 나라가 다스려지며, 나라가 다스려진 뒤에 천하가 화평해진다는 논리다.

10 탕왕(湯王)은 사람이 그 마음을 깨끗이 씻어 악(惡)을 제거하는 것이 마치 그 몸을 목욕하여 때를 버리는 것과 같다고 여겼다. 그리하여 그릇에 새긴 것이다. 진실로 능히 하루에 그 옛날에 물든 더러움을 씻어서 스스로 새로워짐이 있다면, 마땅히 이미 새로워진 것을 인(因)하여 나날이 새롭게 하고, 또 나날이 새롭게 하여, 조금이라도 끊어짐[間斷]이 있어서는 아니 됨을 뜻한다.

11 주(周)나라가 비록 오래된 나라이나, 문왕(文王)에 이르러 능히 그 덕(德)을 새롭게 하여 민중들에게 미쳐서 비로소 천명(天命)을 받았음을 말한 것이다.

해영

앞의 삼강령三綱領에서 논의되었던 재신민在新民이라는 말은, 일찍이 탕왕湯王이 목욕하던 그릇에 새겨진 글에서 얻어진 것입니다. 여기서 이르기를, "사람이 마음을 씻는 것이 몸을 씻는 것과 같으니, 진실로 하루 사이에 예전에 물들인 더러운 것을 씻어 버려 스스로 새로워졌거든, 마땅히 새로워진 것을 바탕으로 날마다 새롭게 하고 또 날마다 새롭게 하여 끊임없이 공부함으로써 혹 때나 티끌에도 더렵혀지지 않도록 해야 한다."라고 한 것입니다. 탕왕의 행실을 엿볼 수 있는 대목입니다.

또 『강고康誥』에서는 스스로를 새롭게 하였다면, 민중을 새롭게 해야 한다고 하였습니다. 가령 무왕武王은 강숙康叔에게, "위衛나라는 본래 은나라의 옛 땅이니, 민중이 비록 은나라 주紂왕의 더러운 풍속에 물들었으나, 어찌 스스로 새롭고자 하는 양심이 없었겠는가? 너는 마땅히 진실로 있는 양심에 따라 고동鼓動하고 진작시켜, 그들로 하여금 악한 것을 버리고 선한 데로 옮기며, 예전 것을 버리고 새 것을 도모하도록 하는 것이 옳다."고 하였습니다. 그의 행실을 엿볼 수 있습니다.

대개 사람이 스스로 새롭게 하고 민중을 새롭게 하면,

하늘의 마음도 움직여 천명天命이 새로워질 수 있다고 합니다. 『시경』, 「문왕文王」 편에서 이르기를, “우리 주周나라가 시조 후직后稷 이래로 천여 년이 되었으니, 비록 오래된 나라이지만, 문왕에 이르러 성인聖人의 덕이 날마다 새로워서, 민중의 풍속이 또한 크게 변하여 비로소 천명을 받으니 참으로 새롭다.”고 하여 문왕이 천명을 받은 것이 이와 같았다고 전하고 있습니다. 문왕의 ‘명덕’과 ‘신민’의 행실을 엿볼 수 있는 부분입니다.

이상과 같이 탕왕과 무왕, 문왕의 행실을 종합하면, 공통적인 부분을 확인할 수 있습니다. 바로 군자된 사람은 ‘스스로를 새롭게 하고, 민중을 끊임없이 새롭게 하고자 한다’는 점입니다. 때와 장소를 불문하고 ‘지극한 선에 이르고자 한다’는 것이지요. 대개 스스로 새롭게 하여 극진한 데로 나아가는 것은 민중을 새롭게 할 수 있는 토대요, 근본이라고 하였습니다. 따라서 세상에 나가 다스리고자 하는 이들은 먼저 ‘스스로를 새롭게’ 하여야 하고, ‘민중의 삶을 새롭게’ 하는데 힘써야 할 것입니다.

근본과 말단 1

대학

공자가 이르기를, "송사를 다스리는 것은 나도 다른 사람과 같지만, 반드시 민중들로 하여금 송사가 없도록 하겠다." 실정實情이 없는 사람이 그 말을 다하지 못하게 함은 민중의 뜻을 크게 두렵게 하기 때문이니, 이것을 일러 근본을 안다고 하는 것이다.

원문

子曰 聽訟이 吾猶人也나 必也使無訟乎인저 하니 無情者가 不得盡其辭는 大畏民志니 此謂知本이니라

자해

* 청聽 : 보통 '듣다'로 쓰지만, 여기서는 '다스리다'로 해석하는 게 원문을 이해하는 데 매끄럽다. 오吾 : 나. 유인猶人 : 남과 같음, 남과 다르지 않음. 송訟 : 송사, 시비곡직是非曲直을 다투다.
* 정情 : 실상, 실제. 무정자無情者 : 진실하지 않은 사람, 위선자를 지칭함. 외畏 : 두려워하다. 민지民志 : 민중의 뜻,

민중의 마음. 위謂 : 이르다, 위爲와 같다.

해영

사물事物의 본말本末, 즉 '근본과 말단'이 있다는 것은 앞에서도 논했습니다. 이는 사물을 대할 때 말단보다 근본에 힘써야 함을 이르는 말입니다. 공자는 민중의 송사를 들어 곡직曲直을 판단하는 것은 남과 다를 바가 없지만, 자신은 민중으로 하여금 '애초부터 송사가 일어나지 않도록 하겠다'고 하였습니다.

이는 자신부터 밝은 덕을 밝히고, 나아가 민중을 새롭게 함으로써 송사가 원천적으로 일어나지 않도록 하겠다는 의지의 표현입니다. 즉 근본을 알게 하면, 말단 또한 알게 되어 먼저 할 것과 나중에 할 것을 알아 송사 자체가 사라질 것이라는 말이지요. 명덕과 신민, 본말과 선후에 관해 잊지 않아야 하겠습니다.

홀로 삼감

대학

이른바 그 뜻을 '성실히 한다'는 것은 '스스로 속이지 않는 것'이니, 나쁜 냄새를 싫어하는 것처럼 하며, 아름다운 색을 좋아하는 것처럼 하는 것이다. 이것을 일러 스스로 만족한다고 한다. 그러므로 군자는 반드시 그 홀로 삼간다.

원문

所謂誠其意者는 毋自欺也니 如惡惡臭하며 如好好色이 此之謂自謙이니 故로 君子는 必愼其獨也니라

자해

* 소위所謂 : 이른바. 성기의誠其意 : 그 뜻을 성실히 하다. 무毋 : 금지를 표시하는 부사. ~하지 말라. 금하여 그침. 자기自欺 : 악을 물리치고 선을 행할 줄은 알지만, 마음에 발한 것이 성실하지 못함. 오惡 : 미워하다, 싫어하다. 악惡 : 악하다, 나쁘다. 여오악취如惡惡臭 : 악취를 싫어하는 것과 같다.

*겸謙 : 겸慊과 같음, 쾌快하고 족足함.

*신기독愼其獨 : 그 홀로 삼간다.

해영

천하를 두 가지의 도道로 나누어 볼까요? 선악善惡이 그것입니다. 선은 하늘의 명命으로 본래 그러한 것이지만, 악은 물욕에서 비롯된 사사로움의 찌꺼기입니다. 그러므로 사람은 본래의 성품대로 선함은 좋아하고 악함은 미워합니다.

그러나 선함을 좋아함이 성실하지 못하면, 선함을 충실히 이행하지 못해 도리어 선함에 해로움이 있게 됩니다. 또한 악함을 미워함이 성실하지 못하면, 악함을 확실히 제거하지 못해 도리어 악한 것을 자라게 하는 꼴이 되고 맙니다.

좋은 색을 보면 눈이 즐겁습니다. 마찬가지로 선한 사람을 보면 마음이 그에게로 갑니다. 하지만 악취를 사람들이 싫어하는 것처럼 악한 사람을 보면 그에게서 멀어집니다. 홀로 있더라도 조금도 게으름 없이 '안과 밖을 삼가야' 하겠습니다.

공경하는 마음

대학

마음이 있지 않으면 보아도 보지 못하고, 들어도 듣지 못하며, 먹어도 그 맛을 알지 못한다.

원문

心不在焉이면 視而不見하고 聽而不聞하며 食而不知其味니라

자해

* 부재不在 : 있지 않다. 언焉 : 진술의 어기를 표시하는 어

기조사.

* 시視 : 보다. 청聽 : 듣다. 식食 : 먹다. 부지不知 : 알지 못한다.

해영

동서양을 막론하고 학자들은 마음공부에 많은 시간을 투자합니다. 마음의 종류, 즉 생각의 종류로 따지면 헤아릴 수 없을 정도로 복잡하기 그지없습니다. 불가佛家에서는 흔히 오만가지라고도 합니다만, 유가儒家에서는 이른바 칠정七情[12]이라고 하여 기쁨과 노여움, 슬픔, 두려움, 사랑, 미움, 욕심 등에 대해 논하기도 합니다. 어떤 마음을 어떻

12 칠정(七情)은 희로애구애오욕(喜怒哀懼愛惡欲) 등 인간의 감정을 뜻한다. 본래 『예기(禮記)』, 「예운(禮運)」에서 기뻐하고 성내고 슬퍼하고 두려워하고 사랑하고 미워하고 무엇을 하고자 하는 심정을 말하는데, 이 일곱 가지는 배우지 않아도 능한 것(喜怒哀懼愛惡欲, 七者, 不學而能)이라고 말한 데에서 비롯되었다. 칠정에 대한 논의는 그것에 대한 본질, 즉 악(惡)이 되는 요인, 그것을 적극적으로 제거하는 방법 등을 중심으로 전개되었는데, 한유(韓愈)의 정지삼품설(情之三品說), 정이(程頤)의 이성제정설(以性制情說) 등을 들 수 있다. 중국에서는 칠정에 대한 논의가 크게 부각되거나 문제시되지 않았으나, 한국에서는 이기(理氣)와 인간의 선악(善惡)을 연계하여 논하기 시작하면서 복잡한 철학적 문제로 대두되었다. 요컨대 퇴계는 사단(四端)은 이(理)가 발(發)하는데 기(氣)가 따르는 것이고, 칠정(七情)은 기(氣)가 발(發)하는데 이(理)가 타는 이른바 이기호발설(理氣互發說)을 주장하였고, 율곡은 발(發)하게 하는 것은 이(理)이고, 그 발(發)하는 것은 기(氣)이므로 그것이 직출(直出)한 것은 사단(四端)이고, 횡출(橫出)한 것은 칠정(七情)이라 하였다. 퇴계와 율곡 이후, 칠정은 한국 성리학에서 대표적인 관심사로 이어졌으며 이에 대한 견해의 차이는 주리(主理)와 주기(主氣)파로 나뉘는데 영향을 미쳤다.

게 정의하든, 보고 듣고 먹는데 있어 마음이 그 자리에 없다면 모두가 의미 없는 일일 것입니다. 그러므로 한순간도 마음이 몸에서 떨어지지 않도록 애써야 하겠습니다.

혈구지도 1

대학

이른바 천하를 화평하게 함이 그 나라를 다스림13에 달려 있다고 하는 것은, 위에서 노인을 노인으로 섬기면 민중이 효孝를 일으키고, 위에서 어른을 어른으로 섬기면 민중이 제悌를 일으키며, 위에서 외로운 이를 구휼하면 민중이 배반하지 않기 때문이다. 이 때문에 군자는 구矩로 헤아리는 도道가 있는 것이다.

원문

所謂平天下가 在治其國者는 上이 老老에 而民이 興孝하며 上이 長長에 而民이 興弟하며 上이 恤孤에 而民이

不倍하나니 是以로 君子는 有絜矩之道也니라

자해

* 소위所謂 : 이른바. 노노老老 : 노인을 노인으로 섬기다. 흥興 : 감동하여 일어남. 장장長長 : 어른을 어른으로 섬기다. 휼恤 : 구휼하다, 동정하다. 고孤 : 고아, 홀로 외롭다. 배倍 : 배背와 같음. 배반하다.
* 혈絜 : 헤아리다. 구矩 : 법도의 기구, 모난 그릇을 만드는 도구, 곡척曲尺. 구矩로 헤아린다는 것은 곡척曲尺으로 마르고 재서 모진 그릇 만드는 것을 비유한 말.

해영

대체로 '다스린다'는 말은 규모의 차이일 뿐, 그 방법은 다르지 않습니다. 가령 윗사람이 노인을 노인으로 섬기는 모습을 보이면 다른 사람들도 효孝를 행할 것이고, 윗사람이 어른을 어른으로 모시면 다른 사람들도 어른을 어른으로 모실 것이며, 윗사람이 외로운 사람을 불쌍하게 여겨 자애로움을 보이면 다른 사람들도 자애慈愛를 실천하여 사

13 '다스림'이라는 말은 '다스리다'의 준말로 '다 살리다'에서 온 말이다.

회가 어그러지지 않을 것이라는 인식이 그것입니다.

삶의 원리는 천하를 다스리는 원리와 일치합니다. 그러므로 세상을 다스리고자 하는 사람은 물物을 헤아려 구矩로 헤아릴 수 있는 도道가 있어야 합니다. 그래야 민중이 화합합니다. 다시 말해 세상을 다스리고자 하는 사람은, 먼저 효孝와 제悌, 자慈를 실천할 수 있는 사람이어야 합니다. 그래야 민중 또한 분수에 따라 삶을 극진히 합니다. 천하가 다스려지도록 모두가 애써야 하겠습니다.

혈구지도 2

대학

위에서 미워하는 것으로 아래를 부리지 말고, 아래에서 미워하는 것으로 위를 섬기지 말며, 앞에서 미워하는 것으로 뒤에 먼저 하지 말고, 뒤에서 미워하는 것으로 앞을 따르지 말며, 오른편에서 미워하는 것으로 왼편과 사귀지 말고, 왼편에서 미워하는 것으로 오른편과 사귀지 말아야 하는 것이니, 이것을 일러 구矩로 헤아리는 도道라고 한다.

원문

所惡於上으로 毋以使下하고 所惡於下로 毋以事上하며 所惡於前으로 毋以先後하고 所惡於後로 毋以從前하며 所惡於右로 毋以交於左하고 所惡於左로 毋以交於右하나니 此之謂絜矩之道也니라

자해

* 소所 : ~하는 바, ~하는 것. 오惡 : 미워하다. 소오所惡 : 미워하는 것. 어於 : 장소를 표시하는 전치사. 어상於上 : 위에서. 무毋 : 금지를 표시하는 부사. ~하지 말라. 금하여 그침. 사事 : 섬기다.
* 혈絜 : 헤아리다. 구矩 : 법도의 기구, 모난 그릇을 만드는 도구, 곡척曲尺.

해영

혈구絜矩의 도道라는 게 대체 어떤 뜻을 지니고 있는 것일까요? 가령 윗사람이 나를 부리는 것이 미워할 만하면 나 또한 이러한 원리로 아랫사람을 부리지 못한다는 것이고, 아랫사람이 나를 섬기는 것이 미워할 만하면 나 또한 이러한 원리로 윗사람을 섬기지 못하며, 앞사람이 나보다

먼저 하는 것을 미워한다면 나 또한 뒤에 있는 사람의 마음을 헤아려 먼저 하지 말아야 하고, 뒤의 사람이 나를 좇음을 미워한다면 나 또한 앞의 있는 사람의 마음을 헤아려 좇지 말아야 한다는 말입니다.

또한 오른편에 있는 사람이 나를 미워한다면 이러한 원리로 왼편에 있는 사람과 사귀지 말아야 할 것이고, 왼편에 있는 사람이 나를 미워한다면 이러한 원리로 오른편에 있는 사람과 사귀지 말아야 하는 것 등을 이른바 '혈구의 도'라고 할 수 있습니다. 쉽게 말해 내가 하기 싫은 것이 있다면, 윗사람이나 아랫사람 혹은 옆 사람에게도 부여해서는 아니 된다는 말이지요. '혈구의 도'라는 것이 이처럼 간략하지만 그 효과는 막대합니다. 리더들은 이를 명확히 인지하여 실천해야 하겠습니다.

근본과 말단 2

대학

덕은 근본이요, 재물은 말단이다. 근본을 밖으로 하고 말단을 안으로 하면, 민중을 다투게 하여 빼앗는 것을 가르치는 것이다. 그러므로 재물이 모이면 민중들이 흩어지고, 재물이 흩어지면 민중들이 모인다.

원문

德者는 本也요 財者는 末也니 外本內末이면 爭民施奪이니라 是故로 財聚則民散하고 財散則民聚니라

자해

* 덕德 : 인도를 행하려는 어진 마음. 자者 : 앞 말의 수식을 받아쓰는 특수대사. 보편적으로 '~은' 으로 풀이. 재財 : 재물, 녹祿을 의미.
* 본말本末 : 본체와 말단, 즉 덕을 근본으로 삼고 재물을 말단으로 삼음. 쟁爭 : 다투다, 잡아끌다. 시施 : 베풀다, 가르치다, 전하다.
* 시고是故 : 그러므로. 취聚 : 모으다, 모이다. 산散 : 흩뜨리다, 흩어지다.

해영

세상을 살아가면서 재물財物을 멀리한다는 것은 쉬운 일이 아닙니다. 하지만 『대학』에서는 재물이 없는 것을 근심

하지 말고, 덕德이 없는 것을 근심하라고 일러줍니다. 즉 덕이 있어야 사람이 모이고, 사람이 모여야 땅이 있게 되며, 땅이 있어야 재물을 마련하여 삶을 유지할 수 있다고 보는 것이지요. 말하자면 세상을 살아가는 데 재물이 필요 없다는 게 아니라 덕을 보다 소중히 하고, 재물을 말단으로 삼아야 한다[14]는 말씀입니다.

만일 근본인 덕을 멀리하고 말단인 재물을 소중하게 여기면 어떤 현상이 벌어질까요? 특히 윗사람이 이런 모습을 보인다면 어떤 일이 일어날까요? 볼 것도 없이 민중들은 이를 본받아 서로 빼앗기를 멈추지 않을 것입니다. 결국 민중들에게 다툼을 가르치는 꼴이 되는 것이지요. 윗사람이 재물을 모으면 민중이 흩어지고, 흩뜨리면 민중이 모인다고 하는 말은 이와 같은 이유 때문입니다. 삶의 근본인 덕을 소중하게 여겨야 하겠습니다.

---

14 근본(根本)을 바깥으로 하고 말단(末端)을 안으로 하지 않는다는 말은 초(楚)나라의 고사에서도 확인할 수 있다. 옛날 조간자(趙簡子)가 백형(白珩)이라는 패옥(珮玉)을 가지고, 초나라 대부 왕손어(王孫圉)에게 물으니, 왕손어는 다음과 같이 답했다. "우리 초나라는 금과 옥을 보배로 삼지 않고 선한 사람을 보배로 삼는다." 즉 초나라에서는 선한 사람의 행실인 '덕을 근본'으로, '재물은 말단'으로 삼아 재물을 가볍게 여기고 선한 사람을 소중하게 여긴 것이다.

생식위용生食爲用

대학

재물을 생산함에 큰 도가 있으니, 생산하는 자가 많고 먹는 자가 적으며, 하기를 빨리하고 쓰기를 느리게 하면, 재물이 늘 풍족할 것이다.

원문

生財에 有大道하니 生之者 衆하고 食之者 寡하며 爲之者 疾하고 用之者 舒하면 則財恒足矣니라

자해

* 중衆 : 무리, 많다. 과寡 : 적다. 질疾 : 병, 빠르다. 여기서는 질풍노도疾風怒濤와 같이 빠름을 뜻함. 서舒 : 펴다, 느리다.
* 항족恒足 : 항상 족하다. 의矣 : 감탄의 어기를 표시하는 어기조사.

해영

누구나 부강富强하고 싶은 것은 인지상정일 것입니다. 그러나 세상을 다스리는 사람이 재물로써 부강하고자 한

다면 무엇보다 큰 도, 즉 대도大道를 가지고 움직여야 합니다. 큰 도라는 게 사실 따지고 보면 별 게 아닙니다. 생산[生]은 많게, 먹음[食]은 적게, 일처리[爲]는 빠르게, 쓰임[用]은 천천히 하는 것입니다. 대개 생산하는 것이 많고 일처리는 빠르며 먹는 것이 적다면 큰 근심 없이 오래도록 풍족할 수 있습니다. 부강하고자 하면 생식위용生食爲用의 도를 실천해야 하겠습니다.

인자와 불인자

대학

인자는 재물로써 몸을 일으키고, 불인자는 몸으로써 재물을 일으킨다.

원문

仁者는 以財發身하고 不仁者는 以身發財니라

자해

* 이以 : 수단이나 방법을 표시하는 전치사. 이재以財 : 재

물로써. 발發 : 일으킴.

해영

본래 재물을 생산하는 주체는 큰 도를 지니고 움직이는 사람, 즉 인자仁者의 전유물로 여겼습니다. 인자는 큰 도를 알기 때문에 재물을 생산하되, 그것을 사사롭게 사용하지 않기 때문입니다. 가령 인자가 재물을 생산하면, 그것으로 구성원 모두가 몸을 일으키는데 사용하는 반면, 불인한 사람은 큰 도를 알지 못하기 때문에 재물을 사사롭게 여겨 재생산하는 데만 골몰해 결국 위태로움을 자초하게 됩니다.

이런저런 매체를 통해 몸으로 큰 부富를 형성했다는 소식이 적지 않게 들립니다. 세상 사람들은 이런 소식을 접할 때마다 춤을 춥니다. 하지만 몸으로써 재물을 일으키다가 병이 든 이들의 소식을 접하면 인식을 새롭게 합니다. 건강 회복을 위해 그간 벌어둔 재물을 탕진하기 때문이지요. 재물의 도를 잃어버린 결과입니다. 배금주의拜金主義가 극에 달한 요즘, 인자의 도를 살펴 몸을 일으키는데 힘써야 하겠습니다.

이보다 의

대학

국가에 어른이 되어 재물 쓰는 것을 힘쓰는 이는 반드시 소인小人으로부터 시작되니, 저 소인으로 하여금 국가를 다스리게 하면 재앙과 해로움이 이르러, 비록 잘하는 이가 있더라도 또한 어쩔 수가 없는 것이다. 이것을 일러 '나라는 이利를 이로움으로 삼지 않고, 의義를 이로움으로 삼는다'는 것이다.

원문

長國家而務財用者는 必自小人矣니 彼(爲善之) 小人之使爲國家면 菑害가 竝至라 雖有善者라도 亦無如之何矣리니 此謂國은 不以利爲利요 以義爲利也니라

자해

* 재용財用 : 재물을 사용. 자自 : 말미암음. 피위선지彼爲善之 : 주자朱子[15]는 이 구句의 위아래에 궐문闕文이나 오자誤字가 있는 것으로 의심했다. 치菑 : 천재天災를 뜻함. 해害 : 인해人害, 즉 사람의 해로움을 의미한다. 병竝 : 아우르다.

지至 : 이르다.

* 여지하如之何 : 어찌하다. 무여지하의無如之何矣 : 어찌할 수 없을 것이다. 이以 : ~로써. 이利 : 이롭다. 의義 : 바르다, 의롭다.

해영

요즘은 뭐든 이로움만 취하려는 것을 어렵지 않게 볼 수 있습니다. 배금주의가 극에 달한 탓인지 일반 민중은 말할 것도 없고 심지어는 공공의 이익에 부합되는 조직도 예외가 아닙니다. 하지만 나라를 다스림에 있어서 이익으로써 이로움을 삼으면 곤란합니다. 이익을 이로움으로 삼게 되면, 종국終局에는 민중들의 피해로 돌아갈 수밖에 없기 때문입니다.

특히 나라의 어른, 즉 지도층이 되어서도 재물을 모으고 쓰는 데만 힘쓴다면, 이는 소인小人들에게 끌려가는 형국으로 오래지 않아 나라의 격은 떨어지고 말 것입니다. 또한

15 주자(朱子 : 1130~1200)는 정호(程顥)와 정이(程頤) 형제, 주돈이(周敦頤), 장재(張載) 등과 같은 기라성 같은 학자들의 사상을 이어받아 이른바 주자학(朱子學)을 집대성 하였다. 그는 『대학』, 『논어』, 『맹자』, 『중용』, 즉 사서(四書)에 관한 집주(集注)를 저술하면서 자신의 철학사상을 드러냈다.

이러한 소인들에게 끌려 다니면, 재물이 한쪽으로 편중됨으로써 결국 위로는 하늘의 벌을 면치 못할 것이고, 아래로는 민중의 마음이 떠나 재앙災殃이 천하를 뒤덮을 것입니다.

이 때문에 나라는 군자君子로 하여금 이끌도록 해야 한다고 한 것입니다. 군자는 오로지 '의義'를 이로움으로 삼기에 치우치지 않지만, 소인은 '이익'을 이로움으로 삼기에 독차지 하거나 치우치기 쉽습니다. 민중들과 더불어 살기 위해서는 재물을 모으기보다 흩뜨리는 데 열중해야 합니다. '이로움'보다 '의로움'이 여전히 중시되어야 하는 이유입니다.

2
논어
論語

온전한 학문

논어

공자가 이르기를, "배우고 때로 익히면 또한 기쁘지 않겠는가? 벗이 먼 곳으로부터 오면 또한 즐겁지 않겠는가? 남이 알아주지 않더라도 성내지 않는다면 또한 군자가 아니겠는가?"(「학이」)

원문

子曰 學而時習之면 不亦說乎아 有朋自遠方來면 不亦樂乎아 人不知而不慍이면 不亦君子乎아

자해

* 자子 : 선생님. 『논어』에서의 자子는 공자(孔子 : B.C.551~B.

C.479)를 가리킴.

* 학이시습지學而時習之 : 배우고 때로 익히다. 이而 : 순접관계를 표시하는 접속사. 두 개의 동작이나 상황을 순차적으로 연결해준다. 시時 : 적시, 제때. 습習 : 새가 자주 나는 모습, 배우기를 멈추지 않음을 마치 새가 자주 나는 것과 같이 하는 것. 지之 : 학學의 내용을 가리키는 인칭대사人稱代詞. 대사는 대명사뿐 아니라 형용사적 성격을 지닌 것, 부사적 성격을 지닌 것까지 포괄.
* 불역열호不亦說乎 : 또한 기쁘지 않겠는가. 열說 : 열悅과 같은 의미, 기뻐함. 호乎 : 의문의 어기를 표시하는 어기조사.
* 유붕자원방래有朋自遠方來 : 벗이 먼 곳으로부터 오다. 유有 : '가지고 있다', '소유하다'라는 뜻의 동사로 뒤에 오는 명사를 목적어로 삼지만 때로는 불특정의 사람이나 사물을 표시하는 관형어가 되어, 뒤에 오는 명사를 수식하기도 한다. 자自 : 시발점을 표시하는 전치사.
* 인부지이불온人不知而不慍 : 남이 알아주지 않더라도 성내지 않는다. 인人 : 남, 다른 사람. 이而 : 역접관계를 표시하는 접속사. 온慍 : 노여움을 품은 뜻.
* 군자君子 : '군자답다'라는 뜻의 형용사. 덕德을 완성한 이의 명칭. 유가儒家의 이상적 인간상.

해영

주지하듯 『논어』의 첫 구절은 '학이學而'로 시작, '군자君子'로 마무리 하고 있습니다. 즉 '배워서 군자가 되고자 하는 과정'임을 알 수 있습니다. 때문인지 '배움'은 『논어』에서 가장 중시되는 덕목 가운데 하나입니다. 그런데 여기서 배운다는 것은 '온전히 학문하는 것', '홀로 하지 않고 남에게로 미쳐 함께 하는 것', '자신을 위해 하는 것'임을 일러줍니다.

다시 말하면, 첫 문장은 배움이 몸에 배도록 해야 함을 강조한 말이고, 둘째 문장은 혼자 하는 것이 아니라 남에게로 미쳐야 함을 강조한 것이며, 셋째 문장은 위기지학[16], 즉 자신을 위한 학문을 강조한 말입니다. 이것이 체득되면 자연스럽게 얻는 것이 있어 기쁘고, 벗이 생겨 즐거우며, 남들이 알아주지 않아도 성내는 일이 없어 군자[17]가 되는 것입니다.

간략히 살펴볼까요. 배울 학學 한 글자의 함의는 크고도 넓습니다. 여기서 배운다는 것은 배워서 알고, 안 뒤에는 행하는 이른바 지행합일知行合一을 뜻합니다. 널리 배우고, 자세히 묻고, 삼가 생각하고, 밝게 분변하는 모든 것이 곧 배우는 것이지요. 말하자면 '성현聖賢이 경험한 것'을 토대로 만물의 이치를 배우는 것, 그것을 학이라 할 수 있습니다.

여기서 먼저 깨달은 사람을 선각자라 한다면, 나중에 깨친 사람은 후각자라 합니다. 이때 후각자는 선각자의 삶을 배워 익숙하게 하는 것이 중요합니다. 가령 사물을 물에 담가두면 처음에는 흡수가 안 되는 듯하지만 시간이 지나면 속까지 푹 젖는 것처럼 선각자의 삶은 거울입니다. 천하의 이치가 내 삶의 이치와 소통되어 편안한 삶으로 이어지기 때문입니다.

천하의 이치를 깨닫는 것은, '사람이면 누구나 가능'합니다. 하지만 스스로 하는 것은 아닙니다. 천하의 이치에 통달하여 기쁜 마음으로 그것을 실천한다고 해도 따르는 사람이 없다면, 소용없는 일이기 때문입니다. '관계'를 중시하는 유가儒家의 속성상 의미 없는 일이지요. 가령 남들

---

16 위기지학(爲己之學)은 말 그대로 자기 자신을 위해 학문을 한다는 말이다. 그러나 오늘날에는 세상이 자기중심적으로 변화되면서 남에게 보여주기 위한 학문, 이른바 위인지학(爲人之學)이 되어 버렸다. 대표적인 예가 서예(書藝)다. 자신을 수양하기 위한 도구의 하나였던 서예가 언제부턴가 남에게 보여주기 위한 도구로 전락되었다.

17 군자(君子) : 유가(儒家)의 이상적 인간상인 '군자'는 유덕자(有德者)인 동시에 위정자(爲政者)를 의미한다. 덕이 있는 사람이 정치를 해야 하고, 정치를 하는 사람은 덕이 있어야 한다는 뜻이다. 또 도가(道家)의 신선(神仙)이나 불가(佛家)의 성불(成佛)과는 달리 '군자'는 배워서 벼슬하지 않으면, 교육을 통해 후진을 양성하는 것이 덕목 가운데 하나라는 특징이 있다.

은 굶고 있는데, 혼자만 배부른 것은 의미 없는 것과 같은 경우입니다.

스스로 역량을 발휘해 천하의 이치를 통달하여 실천하는 삶을 추구해도 추종자들이 존재할지 말지는 알 수 없습니다. 따르는 이들이 다수라면 태평성대한 세상이 되겠지만, 따르는 이들이 적어 '난세가 되었다고 성내는 것'은 군자의 올바른 태도가 아닙니다. 의연하고 태연한 마음을 유지하는 것 또한 군자의 자세입니다. '수기'를 지속해야 하는 이유입니다.

효도와 공손

논어

유자가 이르기를, "그 사람됨이 효성스럽고 우애가 있으면서 윗사람 범하기를 좋아하는 자는 적으니, 윗사람 범하기를 좋아하지 않으면서 난亂을 일으키기를 좋아하는 자는 있지 않다. 군자는 근본을 힘쓰니, 근본이 확립되면 도道가 생기는 것이다. 효성과 우애라는 것은 인仁을 행하는 근본일 것이다."(「학이」)

원문

有子曰 其爲人也孝弟요 而好犯上者鮮矣니 不好犯上이요 而好作亂者未之有也니라 君子는 務本이니 本立而道生하나니 孝弟也者는 其爲仁之本與인저

자해

* 유자有子 : 공자의 제자로 공자보다 13세가 적었다는 설과 33세가 적었다는 설이 있다. 이름은 유약有若, 자字는 자유子有. 『논어』에서는 공자의 제자를 일컬을 때 주로 '자'를 썼는데, 증삼曾參 · 유약有若 · 염유冉有 · 민자건閔子騫을 증자 · 유자 · 염자 · 민자로 일컬은 예가 각각 17회 · 3회 · 3회 · 1회가 있다. 이는 『논어』가 증삼과 유약의 제자에 의하여 편찬되었다고 주장하는 사람들의 주요 논거가 되고 있다.
* 기위인야효제이호범상자선의其爲人也孝弟而好犯上者鮮矣 : 그 사람됨이 효성스럽고 우애가 있으면서 윗사람의 뜻을 범하기를 좋아하는 사람은 적다. 기其 : 일반적인 사람을 가리키는 인칭대사. 야也 : 음절을 조정하고 어기를 고르는 어기조사. 이런 종류의 어기조사는 중간에 호흡을 잠시 멈춤으로써 청자聽者의 주의를 환기하는 역할을 함. 효孝

: 부모를 잘 섬김. 제弟 : 제悌와 같은 의미로 형을 잘 섬김. 이而 : 역접 또는 순접관계를 표시하는 접속사. 호好 : '좋아하다'라는 뜻의 동사. 범상犯上 : 윗자리에 있는 사람을 범함. 자者 : 앞 말의 수식을 받아 전체를 명사구로 만들어 주는 특수대사. 보편적으로 ~하는 사람 또는 ~하는 것으로 풀이. 선鮮 : 적음. 의矣 : 필연의 결과를 표시하는 어기조사.

* 작란作亂 : 어기고 거스르며 다투고 싸우는 일.
* 미지유야未之有也 : 아직 없었다. 미유지未有之의 도치형. 고대 중국어, 즉 한문에서는 의문문이나 부정문에서 대사代詞가 목적어로 쓰일 경우, 목적어가 대개 동사나 전치사 앞에 위치한다. 미未 : 아직까지 ~하지 않다.
* 무務 : 힘을 전일專一하게 함.
* 본립이도생本立而道生 : 근본이 서면 도가 생긴다. 본本 : 근본.
* 야자也者 : 음절을 조정하고 어기를 고르는 두 개의 어기조사가 연용된 것. 자者 : 음절을 조정하고 어기를 고르는 어기조사. 경우에 따라 ~라고 하는 것, ~라고 하는 사람으로 풀이하는 것이 더 자연스러울 때도 있다. 기其 : 아마, 추측을 표시하는 부사. 위인爲仁 : 인을 행함. 인仁 : 사

량의 이치와 마음의 덕. 위爲 : '~이다'라는 뜻의 동사. 지之 : 형용사, 동사, 명사, 대사, 주술구조 등의 뒤에 붙어서 그것을 관형어로 만들어 주는 역할을 하는 구조조사構造助詞. 여與 : 감탄의 어기를 표시하는 어기조사. 추측을 표시하는 부사 기其와 함께 쓰이는 경우, 감탄의 어기와 추측의 어기를 함께 표시한다. 의문사 혹은 '겸손하여 감히 질정하여 말하지 못하는 것'으로도 쓰인다.

해영

세상을 살아가면서 소중한 덕목을 살펴보면, '효도'와 '공손'만한 게 없습니다. 가령 그 사람됨이 어버이께 효도하고 형을 존중하면 그 마음이 공손하게 되어 결국 윗사람을 범犯하게 되는 일은 적습니다. 일반적으로 범한다는 말은 불순不順한 짓을 뜻합니다. 따라서 작은 불순을 줄여간다면 도덕과 윤리에 어긋나는 일 또한 줄어들 것입니다.

이는 개인이든 조직의 일원이든 이러한 근본이 확고히 자리하고 있다면, 삶 속에서 어떠한 변수가 생기더라도 크게 어려움에 처하지는 않을 것입니다. 효도와 공손이 얼핏 상관관계가 없어 보이지만, 효도와 공손하지 못한 이들이 사회생활을 제대로 했다는 이야기가 전해지지 않는 것을 보면, 역시 효도와 공손의 위력을 느낄 수 있습니다.

효도하는 마음과 공손한 마음은 모두 '인仁'이라는 원초적 사랑에서 출발합니다. 화순和順한 마음이나 강직剛直한 마음, 의연毅然한 마음도 모두 '인'이라는 씨앗에서 출발하는 것이지요. 따라서 '인'이라는 씨앗이 잘 발아發芽되도록 하여 기필코 효성과 우애의 도道가 활짝 펴 '근본'이 바로 선 그런 세상이 되도록 애써야 하겠습니다.

허물 성찰

논어

공자가 이르기를, "군자가 중후하지 않으면 위엄이 없으니, 배워도 견고하지 못하다. 충성과 신의를 주로 하며, 자기만 못한 이와 벗하지 말며, 허물이 있거든 고치기를 꺼려하지 말라."(「학이」)

원문

子曰 君子不重則不威니 學則不固니라 主忠信하며 無友不如己者요 過則勿憚改니라

자해

* 중重 : 중후함.
* 학즉불고學則不固 : 배워도 공고하지 않다. 즉則 : ~해도. 역접관계를 표시하는 접속사. 위威 : 위엄. 고固 : 견고함.
* 무우無友 : 친구로 삼지 말라. 무無 : 금지를 표시하는 부사. 무毋와 같음. ~하지 말라. 우友 : 명사가 의동사意動詞로 전용된 것.
* 물탄개勿憚改 : 고치기를 꺼리지 말라. 물勿 : 금지를 표시하는 부사. 탄憚 : 두려워하고 어렵게 여김.

해영

학문하는 근본 이유는 말할 것도 없이 덕을 쌓고 베풀기 위함입니다. 따라서 군자가 학문을 하기 위해서는 반드시 중후重厚한 바탕을 먼저 길러야 합니다. 그래야 아는 것과 행하는 것이 부합될 수 있습니다. 또 쌓여진 '덕', 즉 '배움'을 베푸는 데 있어서도 반드시 충성스럽고 미덥게 하여 어디에서든 그 '덕'이 통할 수 있게 해야 합니다.

'허물'이란 자신도 모르는 사이, 사리事理를 잃은 것을 말하고, 악惡이란 고의로 이치를 거스른 것을 뜻합니다. 때문에 충과 신을 위주로 자신보다 나은 벗을 가까이 하면서 날마다 새로운 '덕'을 구축하는 이유가 여기에 있습니다. 신神이 아닌 이상, 허물을 완전히 배제할 수는 없습니다. 다만 '고치기를 꺼리지는 말아야' 하겠습니다.

바른 정치

논어

공자가 이르기를, "덕으로 정치하는 것을 비유하면 마치 북극성이 제자리에 머물러 있으면 모든 별이 그에게로 향하는 것과 같다."(「위정」)

원문

子曰 爲政以德이 譬如北辰이 居其所어든 而衆星이 共之니라

자해

* 위정이덕爲政以德 : 덕으로 정치를 하다. 정政 : 바르게 하다. 덕德 : 도를 행하여 마음에 얻음이 있는 것. 이以 : 수단이나 방법을 표시하는 전치사.

* 비여북신거기소이중성공지譬如北辰居其所而衆星共之 : 비유하자면 북극성이 자기 위치에 자리 잡고 있으면, 뭇별들이 그것을 둘러싸는 것과 같다. 비여譬如 : '비유하면 ~와 같다. 비유컨대 ~와 같다'라는 의미의 관용어. 북신北辰 : 북극성, 하늘의 중추中樞. 거기소居其所 : 움직이지 않음. 공共 : 향함. 지之 : 북신을 가리키는 인칭대사.

해영

요즘 정치는 대체로 힘에 의한 정치를 합니다. 어떻게 하면 추종자들을 유인하여 자신들에게 유리한 판도를 짤 것인지를 두고 노심초사하는 경우가 허다합니다. 소수, 즉 사회적 약자를 위해 국가가 존립한다는데 동의하면서도 실제에서는 헤게모니를 장악하기 위해 폭력도 불사합니다. '다수결의 원칙'이 대표적인 예입니다. 역설이자, 모순의 극치이지요.

예로부터 동양의 선현先賢들이 주장한 정치는, '근본을 바르게 하는 것'이라 하였습니다. 이를 위해서는 기강紀綱을 세우고 법도法度를 베푸는 것입니다. 그러나 선행해야 할 것은 치자治者가 다스리기 전, 수양修養과정에서 얻어 행하는 것을 근본으로 삼아야 한다는 점입니다. 즉 덕德으로써 교화敎化[18]하는 것을 핵심 요체로 여기는 것이지요.

다시 말하면, 정치의 근본은 '사람을 바르게 하는 것'을 의미합니다. 이에 따라 힘[武力]이 아닌 덕德에 의한 정치가 되어야 함은 물론입니다. 스스로 덕을 닦아 남면南面[19]하고 있으면, 세상사가 어렵지 않을 거라는 논리입니다. 마치 북극성이 제자리를 잡고 있으면, 뭇별들이 그를 중심으로 돌듯 정치도 마찬가지입니다. 덕에 의한 정치가 아쉽습니다.

정치와 형벌

논어

공자가 이르기를, "정령으로 인도하고 형벌로 가지런히 하면 민중이 면하려고만 하고 부끄러워하지 않는다. 덕으로 인도하고 예로 가지런히 하면 부끄러워하고 또한 선에 이를 것이다."(「위정」)

원문

子曰 道之以政하고 齊之以刑이면 民免而無恥니라 道之以德하고 齊之以禮면 有恥且格이니라

자해

* 도지이정道之以政 : 정령으로써 그들을 인도하다. 도道 : '인도하다, 이끌다'라는 동사. 도導와 같다. 지之 : 뒤에 나오는 민民을 가리키는 인칭대사. 정政 : 법제法制와 금령禁令.
* 제지이형齊之以刑 : 형벌로써 그들을 인도하다. 제齊 : '가지런히 하다, 다스리다'라는 뜻의 동사. '가지런하다'라는 뜻의 형용사가 사역동사로 전용된 것.
* 예禮 : 제도制度와 품절品節.
* 유치차격有恥且格 : 수치심도 있고 또한 감화도 받다. 차且 : 체증遞增관계를 표시하는 접속사. 격格 : '이르다, 감동하다, 감화하다'라는 뜻의 동사.

해영

지도자가 국가를 운영하는데 있어서 중시해야 할 점은 무엇보다 민중이 선善을 행하고 악惡을 멀리하게 하는 데

18 교화(教化)란 인간을 가르쳐 감화시키는 작업을 의미한다. 이를테면 학업을 통하여 가르치는 것을 '교(教)'라 하고, 행동으로 모범을 보임으로서 사람다움을 권장하는 것을 '화(化)'라 한다. 따라서 '교화'란 이론과 실천이 병행된 이른바 지행합일(知行合一)의 경지에서만 가능하다.

19 남면(南面)의 본래 의미는 군주의 지위(地位)를 가리키는 말이다. 군주, 즉 지도자가 정사하는 위치가 북쪽에서 남쪽을 향한다는 차원에서 비롯되었다.

있습니다. 때문에 지도자는 민중을 '선'으로 인도함에 있어서 법령만으로 하지 않고, 자신의 밝은 덕을 갈고 닦아 이를 근본으로 삼아 민중이 '선'을 행하고 '악'을 멀리하도록 솔선수범率先垂範[20] 하는데 있습니다.

민중은 예로부터 지도자로부터 거울삼는다고 하였습니다. 가령 지도자가 덕德으로써 민중을 다스려 나가려는 의지를 표출하면, 민중은 이를 그대로 반영하여 따르게 되는 것이지요. 만일 지도자가 법령으로만 다스려 나가고자 하면, 따르지도 않을뿐더러 민중은 애써 빠져 나가려 하거나 법령을 어기고도 부끄러워하지 않습니다.

정치와 형벌, 덕과 예가 민중을 감동시키는 기제임은 분명합니다. 민중들이 여기에 응함에 따라 '법치'와 '덕치'로 나누어집니다. 그러므로 지도자는 무엇이 근본이고 무엇이 말단인지를 명확히 인식, 중시할 것과 경시할 것을 엄히 구별하여 순위에 따라 다스려야 합니다. '덕'과 '예'를 중시해야 하는 이유가 여기에 있는 것입니다.

---

20 조선왕조에서는 성리학을 국학으로 삼고, 그 이념을 국시로 채택했다. 따라서 국가의 기본정책은 패도(覇道)가 아닌 왕도정치(王道政治)를 지향하였고, 법치(法治)보다는 덕치(德治)를 우선 하였다. 왕도정치와 덕치는 지도자의 '솔선수범'을 기초로 한다. 이는 법의 강제적 남용을 억제하고 인간의 자율성을 제고하기 위해 교화(教化)를 통한 인간화 작업을 중시하는 특징이 있다.

온고지신

논어

공자가 이르기를, "옛 것을 익혀 새로운 것을 알면, 스승이 될 수 있다."(「위정」)

원문

子曰 溫故而知新이면 可以爲師矣니라

자해

* 온고이지신溫故而知新 : 옛것을 연구하여 새로운 것을 알다. 온溫 : 찾아서 풀어냄. 익히고 연구하는 것. '따뜻하다'는 형용사가 '온습하다, 복습하다, 익히다'라는 사역동사로 전용. 고故 : 과거에 배운 것. 신新 : 새로 얻은 것.
* 가이위사의可以爲師矣 : 스승이 될 수 있다. 가이可以 : '~할 수 있다, ~해도 좋다'라는 뜻의 조동사. 본래는 조동사 가可와 수단·방법을 표시하는 전치사 이以가 결합된 형태로 '가히 그것으로써 ~할 수 있다'는 의미인데, 전치사 이以 뒤에 올 목적어가 생략됨으로써 아예 조동사로 바뀐 것이다. 의矣 : 필연의 결과를 표시하는 어기조사.

해영

이미 들은 것은 옛것이고, 지금 얻은 것은 새것입니다. 그러나 새것은 옛것 가운데 있습니다. 때문에 옛것을 폐기하면 지금 것도 알 수 없는 것이지요. 그렇다고 옛것만을 익히는데 시간을 투자한다면, 쓸모없는 지식이 될 것입니다. 따라서 옛것을 봄에도 그 도리를 좇아 지금 시대에 꼭 필요함을 얻을 수 있다면 스승이 될 수 있을 것입니다.

다시 말해, 옛것이란 오래전에 알게 된 사리事理를 의미하고, 새것이란 옛것 가운데 새것을 의미합니다. 문제는 스승이 될 수 있는 조건인 새것을 어떻게 현 시대에 적용시킬 수 있을 것인가? 하는 것이 요체일 것입니다. 하나의 방법으로 과거 선현들의 삶을 타산지석他山之石으로 삼는 일입니다. 오늘날의 나침반이 될 수 있기 때문입니다.

군자는 무당파

논어

공자가 이르기를, "군자는 두루 사랑하고 편당偏黨하지 않으며, 소인은 편당하고 두루 사랑하지 않는다."(「위정」)

원문

子曰 君子는 周而不比하고 小人은 比而不周니라

자해

* 군자君子 : 유가儒家의 이상적 인간상인 '군자'는 유덕자有德者인 동시에 위정자爲政者를 의미한다. 덕이 있는 사람이 정치를 해야 하고, 정치를 하는 사람은 덕이 있어야 한다는 뜻이다.
* 주周 : 널리(보편) 하는 것, 친밀하다. 비比 : 편당偏黨하는 것, 결탁하다. 주이불비周而不比 : 두루 사랑하고 편당하지 않다.

해영

군자든 소인이든 남과 친밀하게 지내려 하는 것은 마찬가지입니다. 마음 씀씀이가 다를 뿐이지요. 군자는 마음 씀씀이가 공정하면서 두루 사랑하고 친밀감과 소원함이 늘 이치에 합당하여 사사로운 감정에 휩쓸려 당파를 형성하지 않는 특징이 있습니다. 하지만 소인은 마음 씀씀이가 사사로워 개인적인 감정에 사로잡혀 쉽게 당파를 형성합니다.

군자와 소인의 행실은 이처럼 정반대지만, 그 차이는 사실 '터럭만큼' 밖에 차이가 나지 않습니다. 언제든 군자가 소인의 행실을 할 수 있고, 소인도 마음 씀씀이에 따라 군자의 마음으로 변모시킬 수 있기 때문입니다. 그러므로 군자의 입장과 생각을 항상 인식하여 공정한 마음과 편당하지 않는 마음 자세를 유지維持해야 하겠습니다.

참된 앎

논어

공자가 이르기를, "유야, 너에게 안다는 것이 무엇인지 가르쳐 줄까 보다. 아는 것을 안다고 하고, 모르는 것을 모른다고 하는 것, 이것이 아는 것이다."(「위정」)

원문

子曰 由아 誨女知之乎인저 知之爲知之요 不知爲不知가 是知也니라

자해

* 유由 : 공자의 제자 중유仲由를 말함. 자는 자로子路 또는 계로季路로 지칭하기도 함. 노魯나라 사람으로 공자보다 9세가 아래였으며, 성격이 용맹스럽고 남에게 지기 싫어하는 성격의 소유자였음.
* 회여지지호誨女知之乎 : 너에게 안다는 것이 무엇인지를 가르쳐 줄까. 여女 : 2인칭대사, 여汝와 같음. 지지知之 : 회誨의 직접 목적어. 지之는 일반적인 대상을 가리키는 인칭대사. 호乎 : 의문의 어기를 표시하는 어기조사.
* 지지위지지知之爲知之 : 아는 것을 안다고 하다. 위爲 : ~라고 하다. 위謂와 같음.
* 시지야是知也 : 이것이 아는 것이다. 시是 : 지지위지지, 부지위부지知之爲知之, 不知爲不知를 가리키는 지시대사. 야也 : 판단 또는 진술의 어기를 표시하는 어기조사.

해영

철학자이자 교육자인 공자, 이른바 '맞춤형 눈높이 교육'을 최초로 시도한 학자로 규정해도 손색이 없을 것입니다. 성질 급한 제자에게는 더디게 움직이게 하고, 지나치게 느긋한 제자에게는 바로 발동하도록 합니다. 가령 자로와 같이 용맹을 앞세우고 남에게 지기 싫어하는 제자에게는 훈계를 통해 성품을 부드럽게 하는 교육[21]을 합니다.

자로는 간혹 모르는 것이 있어도 남에게 지기 싫어하는 성정 탓에 항상 아는 체를 하였습니다. 이러한 성품을 인지한 공자는 사물의 도리에 대해 일러주고 훈계하였지요. 예컨대 '아는 것을 안다'고 하고, '모르는 것을 모른다'고 하는 것이 '아는 것'이며, 이것이 곧 '정직'이라고 일러주는 것입니다. 참된 앎은 바로 이런 것임을 알 수 있습니다.

공정한 인사?

논어

애공[22]이 물었다. "어떻게 하면 민중이 복종합니까." 공자가 이르기를, "정직한 사람을 들어 쓰고 모든 굽은 사람을 버려두면 민중이 복종하고, 굽은 사람을 들어 쓰고 모든 정직한 사람을 버려두면 민중이 복종하지 않습니다." (「위정」)

원문

子曰 哀公이 問曰 何爲則民服이니잇고 孔子對曰 擧直錯諸枉則民服하고 擧枉錯諸直則民不服이니이다

자해

* 거직조저왕擧直錯諸枉 : 곧은 것을 들어서 굽은 것 위에 놓다. 거擧 : 들다. '등용하다'로 볼 수 있으나 전체적인 말의 의미로 볼 때, '들다'로 보는 것이 적합하다. 조錯 : 버려두고 쓰지 않음. 저諸 : 지어之於와 같다. 무리, 중衆과 같음.

해영

인사? 자주 거론되는 것 자체가 어렵다는 말입니다. 같은 책, 「안연顔淵」에서도 "곧은 사람을 들어 쓰고 모든 굽은 사람을 버리면, 굽은 사람으로 하여금 곧게 할 수 있다."[23] 고 하였고, 순자荀子[24]는 "굽은 나무는 반드시 도지개에 넣

---

21 이러한 교육은 붓다의 '대기설법(對機說法)'과 유사하다. 붓다는 가르침을 펼 때 각각 중생의 근기와 처지에 따라 가장 알맞은 내용과 방법을 통해 진리의 길로 인도했다.

22 애공(哀公)은 노(魯)나라의 임금이다. 재위 기간은 (B.C.494~B.C.468)이다.

23 『논어』, 「顔淵」 : 子曰, 擧直錯諸枉, 能使枉者直.

24 순자(荀子 : B.C.298~B.C.238)는 고대 중국의 전국시대(戰國時代, B.C.403~B.C.221) 말기의 사상가다. 공자의 사상 중 예(禮)를 강조하여 발전시켰는데, '사

거나 불에 쬐어 바로잡은 연후에 곧아지고, 무딘 쇠는 반드시 숫돌에 간 뒤에 날카롭게 된다. 사람의 악한 본성은 반드시 스승이나 법도를 기다린 후에 바로잡히며 예의를 얻은 후에 다스려진다."[25]고 하였습니다.

200년 전, 정조正祖도 예외는 아니었습니다. 가령 "마음이 곧은 이를 등용하고 굽은 이를 놓아두는 것은 곧 나라를 다스리는 데 있어서의 첫째 급선무"[26]라고 강조한 바 있습니다. 진실로 바르고 곧은 사람을 발탁하고 굽은 사람을 배척하면, 권하고 징계하는 것이 마땅하여 장차 선한 사람은 발탁되고 악한 사람은 배제되는 것이지요. 다수의 구성원이 이에 따르게 됨은 물론입니다. 정직한 사람이 다수 포진되어야 민중이 건강해지기 때문입니다.

또 정조는 "1년의 두 차례 '도목'[27]은 세상에서 대정大政이라 부르는 것인데, 대정은 대부분 적체되었던 사람들을 소통시켜 주는 것을 위주로 한다. 그러나 적체를 소통시키는 것만을 위주로 하면 인재를 고르는 데 실책을 범하기 쉽고, 인재를 고르는 것만을 위주로 하면 적체를 소통시키는 데 실책을 범하기 쉽다. … 일정한 방소方所를 두지 않고 관직을 위하여 사람을 골랐던 뜻이 그 가운데 병행하도록 하면 좋을 것"[28]이라고 한 바 있습니다.

'정직을 선호'하고 '거짓을 혐오'하는 것은 인지상정입니다. 때문에 구성원들의 마음을 헤아려 군자와 같은 사람을 발탁하면 구성원들은 쌍수를 들어 환영할 뿐 아니라 믿고 따릅니다. 하지만 역으로 소인과 같이 간사하고 사사로움에 밝은 사람을 발탁하면, 구성원들의 신뢰는커녕 따르지도 않습니다. 구성원이 따르는지, 따르지 않는지는 '곧은 사람을 발탁하느냐?' '굽은 사람을 발탁하느냐?'에 달려 있는 셈입니다. 지도자들이 늘 새길 대목입니다.

람의 본성은 선하다'는 맹자의 이른바 성선설(性善說)을 정면으로 반박했다. 즉 '사람의 본성은 악하다'고 규정하고, 이 악한 본성은 예(禮)를 통해 변화시켜 선하게 만들어야 한다는 이른바 성악설(性惡說)을 주장했다. 그의 성악설은 『순자(荀子)』의 「性惡」에 나타난 화성기위(化性起僞 : 본성을 변화시켜 인위를 일으킨다)라는 명제로 대표된다. 가령 사람은 날 때부터 이익을 구함으로써 서로 질투하고 미워하기 때문에 그대로 놔두면 다툼이 그치지 않는다는 것이다. 그러므로 이를 고치기 위해서는 예의를 배우고 정신을 수련해야만 한다고 주장하였다.

25 『순자(荀子)』, 「性惡」 : 枸木必將待檃栝烝矯然後直, 鈍金必將待礱厲然後利. 今人之性惡, 必將待師法然後正, 得禮義然後治.

26 『홍재전서(弘齋全書)』 卷168, 「日得錄」, 政事3. : 擧直錯枉, 卽治國之第一急務.

27 도목정사(都目政事)의 약칭. 이는 고려 때의 제도로서 해마다 음력으로 6월과 선달에 벼슬아치의 성적이 좋고 나쁨에 따라서 벼슬자리를 떼어 버리거나 좋은 데로 올리거나 하던 일을 말한다.(『類選』 卷4上, 人事篇5, 治道門2.)

28 『홍재전서(弘齋全書)』 卷168, 「日得錄」, 政事3. : 教曰, 一年兩都目, 世所稱大政, 而大政多主於疏滯. 然只主疏滯, 則易失於擇人, 只主擇人, 則易失於疏滯. 要須古人立無方爲官擇之意, 竝行於其中, 方好.

모르면 묻는 것

논어

공자가 태묘에 들어가서 매사를 묻자 어떤 사람이 말하였다. "누가 추인鄹人의 아들[29]이 예를 안다고 말하였는가? 태묘에 들어서 매사를 묻는구려." 공자가 듣고 이르기를, "이것이 예이다."(「팔일」)

원문

子入大廟하사 每事를 問하신대 或曰 孰謂鄹人之子를

知禮乎오 入大廟하야 每事를 問이온여 子聞之하고 曰 是禮也니라

자해

* 태묘大廟 : 노魯나라 시조인 주공周公의 사당.
* 추인지자鄹人之子 : 추읍 사람의 아들. 공자를 가리킨다.
* 시례야是禮也 : 이것이 예이다. 시是 : 입태묘매사문入大廟每事問을 가리키는 지시대사. 겸허하고 삼가는 것이 바로 예의 본질이라는 뜻에서 이렇게 말한 것이다. 야也 : 판단 또는 진술의 어기를 표시하는 어기조사.

해영

공자가 벼슬에 나아가 태묘大廟의 제사에 참여했을 때입니다. 일찍이 예문禮文과 예기禮器에 박식했던 그였지만 직접 담당해 보지는 않았기 때문에, 그 상황에 맞도록 하는 일이 서툴러 동료들에게 자주 물었습니다. 모르면 묻는 것이 마땅했기 때문이지요. 하지만 당시 사람들은 예禮로 유

---

29 공자의 아버지인 숙량흘(叔梁紇)이 추읍(鄹邑)에서 대부를 지냈기 때문에 공자를 추인의 아들이라고 말한 것이다.

명했던 공자가 묻고 또 물어오자, '어떤 자가 감히 예禮를 잘 안다고 말했던가?' 라며 비웃었습니다. 이에 공자는 모르면 묻는 게 예禮라고 한 것입니다.

이른바 지도층 인사들이 맡은 바 직무에 만전을 기하기 위해서는 직에 대한 의식뿐만 아니라 요령을 확실히 터득해야 합니다. 이를 위해서는 영역 선배들의 지적자산을 통해 온고지신溫故知新이나 법고창신法古創新하고자 하는 마음이 필요합니다. 추세도 제대로 읽어내지 못하면서 스스로의 능력을 과대평가하여 마구 사업을 펼치고자 하는 것은 올바른 리더의 자세가 아니기 때문입니다. 묻는 것이 예禮이기도 하지만, 시행착오를 줄이는 방책입니다.

가령 최근의 공직사회에서도 진보적인 마인드니 보수적인 마인드니 하는 공직관이 서서히 거론되고 있습니다. 진보적인 공직관에 대해 부정할 일은 아니나, 공직의 특성상 그 직을 수행하는 과정에서는 철저히 보수적일 필요가 있습니다. 자칫 계량할 수 없을 만큼, 피해가 발생될 수 있기 때문이지요. 알고 알지 못하는 사이에서 민중의 삶은 달라집니다. 그러므로 묻는 데에 있어서 부끄러워 할 필요는 없습니다. 모르면 묻는 것이 예禮이기 때문입니다.

인한 마을

논어

공자가 이르기를, "마을이 인仁한 것이 아름다우니 가려서 '인'한데 거처하지 않으면 어찌 지혜롭다고 하겠는가?" (「이인」)

원문

子曰 里仁이 爲美하니 擇不處仁이면 焉得知리오

자해

* 이인위미里仁爲美 : 마을이 인仁한 것이 아름답다. 리里 : 25가家의 마을. 위미爲美 : 아름답다, 좋다. 위爲 : '~이다'라는 뜻의 동사. 뒤에 오는 형용사와 결합하여 '~하다'라는 뜻의 술어를 이룬다.
* 택불처인擇不處仁 : 인仁에 거처하지 않음을 선택하다. 인仁은 처處의 목적어이고 불처인不處仁은 택擇의 목적어이다.
* 언득지焉得知 : 어떻게 지혜로운 행위일 수 있겠는가. 득得 : '~할 수 있다'라는 조동사. 지知 : 지혜롭다. 지智와 같다.

해영

사람이 세상을 살아가면서 살 곳을 선택하는 것은 매우 '중요한 일'입니다. 마을 가운데 풍속과 습관이 인후仁厚하면 가난과 질병을 상호 구원하게 되고, 보고 듣는 바에 이로움이 있어서 자신의 '덕'과 '예'를 쌓아나갈 수 있습니다. 뿐만 아니라 과실過失 또한 상호 권함으로써 줄여나갈 수도 있습니다. 때문에 지혜로운 사람들은 예로부터 거처를 중시한 것이지요. 일반 민중들의 삶 또한 이럴진대 공공기관이 들어설 자리를 택하거나 구심점 역할을 하는 기관의 자리는 말할 것도 없다 할 것입니다.

주지하듯 오늘날의 마을들은 주로 대도시 형태를 띠고 있습니다. 공직자의 지혜로움이 더욱 크게 요구되는 시대가 된 것입니다. 공직자의 생각 정도에 따라 민중의 삶의 질 또한 크게 달라질 수 있기 때문이지요. 이러한 차원에서 오늘날의 '대도시 중심의 정책'을 살펴보면 비판하지 않을 수 없습니다. 가령 50만 명이 거주하는 대도시를 불과 수년 만에 뚝딱 건설합니다. 역사상 유래를 찾을 수 없는 무지막지한 일을 눈 하나 깜짝하지 않고 자행합니다. 일각에서는 '한국적 특성'이라고 강변하기도 합니다.

인후한 마음으로 상호 관계를 돈독하게 하여 '덕'과 '예'

를 쌓아가는 삶에 기초하여 본다면, 이는 '집단지성(集團知性 : Collective intelligence)의 마비 현상'이 아닐 수 없습니다. 오늘날의 대도시 건설 정책을 한마디로 평하면 '야만' 그 자체입니다. 부동산의 특성상 성장과 성숙단계를 지나면 쇠퇴, 천이遷移단계에 돌입할 수밖에 없습니다. 혼란은 불가피합니다. '인후나 덕, 예'는커녕 나라의 미래를 걱정할 판입니다. 우려하지 않을 수 없는 일이지요. 시대의 리더들이 눈을 부릅떠야 하는 이유입니다.

인자안인仁者安人

논어

공자가 이르기를, "인仁하지 않은 자는 오랫동안 곤궁함에 처하지 못하며 오랫동안 즐거움에 처하지 못하니, '인'한 자는 '인'을 편안하게 여기고 지혜로운 자는 '인'을 이롭게 여긴다."(「이인」)

원문

子曰 不仁者는 不可以久處約이며 不可以長處樂이니

仁者는 安仁하고 知者는 利仁이니라

자해

* 불가이구처약不可以久處約 : 오랫동안 곤궁함에 처할 수 없다. 가이可以 : '~할 수 있다'는 뜻의 조동사. 약約 : 곤궁함.
* 인자안인仁者安仁 : 인자는 인을 편안하게 여기다. 안安 : '편안하다'라는 뜻의 형용사가 '편안하게 여기다'라는 뜻의 의동사意動詞로 전용된 것.
* 지자리인知者利仁 : 지혜로운 자는 인을 이롭게 여기다. 리利 : 탐함. '이롭다'라는 뜻의 형용사가 '이롭게 여기다'라는 뜻의 '의동사'로 전용된 것.

해영

'인仁'은 근본적인 마음이자, '덕의 근원'입니다. 때문에 '인'한 사람은 삶의 환경이 곤란해도 오랫동안 즐거움으로 삼고 처하지만, 인하지 못한 사람은 그 뿌리가 깊지 못해 오랫동안 그 근본을 유지하기 어렵습니다. 잠시 곤궁한 삶을 즐거운 경지로 삼아 머물 수는 있으나 지속하지는 못합니다. 그러나 인하지는 못하더라도 지혜로운 마음이 존재한다면 하늘의 이치를 알 수 있는 소견이 생겨나 '인'에 가까운 생활로 변화될 수는 있습니다.

시대의 리더들은 군자이자, '인'을 주도해야 하는 존재입니다. 그럼에도 군자의 행실은 물론 '인'에 반하는 행태를 보인다면 비난을 면키 어려울 것입니다. 특히 민중을 위해 존재한다고 눈만 뜨면 부르짖으면서도 '인'한 마음을 끝내 폐기한다면, 결국 반민중적인 행태를 마구 저지름으로써 오히려 민중들에게 적폐積弊만 안기는 꼴이 될 것입니다. 그러므로 시대의 리더는 '인'을 구현하기 위해 무진애를 써야 합니다. 숙명이기 때문입니다.

덕과 이웃

논어

공자가 이르기를, "덕은 외롭지 않다. 반드시 이웃이 있다."(「이인」)

원문

子曰 德不孤라 必有隣이니라

자해

* 덕德 : 얻는 것. 덕이 있는 사람을 가리킨다.
* 린隣 : 이웃, 친함.

해영

예로부터 덕德을 폐기하면서까지 사는 사람은 없습니다. 사정이 아무리 나빠도 덕을 배제하지는 않습니다. 특히 '덕'이라고 하는 것은 '선善한 마음이 지속적으로 쌓인 결과'라는 점에서 쉽게 사라지지 않는 것이지요. 때문에 '덕'이 있으면 반드시 상호 구원하는 일이 생겨 결국 이웃으로까지 발전합니다. 동서고금東西古今을 막론하고 '덕'을 찬양하는 것은 이 때문이지요.

한편 '덕'에 기초한 정직正直은 성실誠實이라는 덕목과 함께 끈질기게 생명력을 유지하고 있습니다. 물론 정직이라는 덕목이 때로 시대에 뒤떨어진 천박한 가치로 비춰지기도 하지만, 은미하게 그 빛을 발하는 것은 역시 선량한 다수의 자양분이 되기에 충분합니다. 예로부터 '복福은 짓고, 덕德은 쌓는 것'이라 하였습니다. 사정이 좋을 때 많이 쌓아야 하겠습니다.

문질빈빈文質彬彬

논어

공자가 이르기를, "바탕이 꾸밈을 이기면 거칠고, 꾸밈이 바탕을 이기면 호화로우니 꾸밈과 바탕이 어우러진 연후라야 군자이다."(「옹야」)

원문

子曰 質勝文則野요 文勝質則史이니 文質이 彬彬然後에 君子니라

자해

* 질승문즉야質勝文則野 : 바탕이 꾸밈을 이기면 거칠다. 야野

: 야인. 아름답게 꾸미지 않아 야성스럽고 질박한 상태.

* 문승질즉사文勝質則史 : 꾸밈이 바탕을 이기면 호화롭다. 사史 : 실질적인 내용은 보잘 것 없으면서 겉만 번지르르한 상태. 많이 듣고 일에 익숙하나 성실함이 혹 부족한 것.
* 빈빈彬彬 : 물건이 섞여 고른 모양. 양쪽 모두 빛이남.
* 연후군자然後君子 : 그런 뒤에야 군자이다. 군자君子 : 명사가 형용사로 전용된 것.

해영

삶의 과정에서 '몸'을 떠나서 존재할 수는 없습니다. 따라서 바탕도 문채도 모두 중요합니다. 하지만 우선적 가치로 따지면, '몸'을 먼저 다지는 것이 훨씬 중요합니다. 꾸밈은 그 몸을 위해 존재하는 것이기 때문입니다. 가령 빈약한 바탕에 겉만 화려하게 꾸미면 어찌 될까요? 허세에 불과할 것입니다. 또한 꾸미는 것은 더하거나 덜 수 있지만, 바탕은 쉽게 더할 수 없는 점을 감안하면, 바탕이 먼저이고 꾸밈은 나중임을 알 수 있습니다.

인도印度라는 나라에는 정신적으로 통달한 이들이 적지 않습니다. 그러나 걸치고 있는 옷은 전혀 신경을 쓰지 않아 이른바 천민賤民의 삶을 방불케 하는 이들이 한둘이 아닙니다. 속으로 치우친 것입니다. 아프리카의 빈국貧國 또한 마찬가지입니다. 사람들이 줄줄이 죽어가고 있는데 이른바 명품 의류를 걸치고 있다고 한들, 세련되게 보지 않습니다. 겉으로 치우쳤기 때문입니다. '문질文質이 빈빈彬彬'[30]해야 하는 이유입니다.

지호락知好樂

논어

공자가 이르기를, "도道를 아는 자는 좋아하는 자만 같지 못하고, 좋아하는 자는 즐거워하는 자만 못하다."(「옹야」)

원문

子曰 知之者 不如好之者요 好之者 不如樂之者니라

---

30 문(文)과 질(質)은 빈빈(彬彬), 즉 함께 반짝여야 한다. 치우치면 촌스럽거나 야해진다. 여기서 촌스럽다는 것은 '야인(野人)'을 뜻하고, 야하다는 것은 '꾸밈이 지나치다'는 의미다.

자해

* 지지자불여호지자知之者不如好之者 : 도道를 아는 자는 좋아하는 자만 못하다. 지之 : 일반적인 사실과 사물·사람을 가리키는 인칭대사. 지지자知之者 : 이 도道가 있음을 아는 것. 호지자好之者 : 좋아하지만 아직 도道를 얻지 못함.
* 락지자樂之者 : 도道를 얻어 즐거워함.

해영

사람이 '살아가는 방법', 즉 도道를 익히면 마음이 밝아집니다. 그래서 '도'를 알고 사는 것을 일반적으로 '안다'고 하는 것이지요. 그러나 옳고 그름에 대해서는 정확하게 판단을 할 수 없기 때문에 '아는 것은 좋아하는 것만 못하다'고 합니다. 여기서 좋아하는 마음이 깊어지면 사랑하게 되고, 사랑하게 되면 진실한 마음 얻기를 바랍니다. 하지만 구하고자 하는 것이지, 반드시 얻은 것은 아니기 때문에 '즐거워하는 것만 못하다'고 하는 것이지요. 이를 이른바 지호락知好樂[31]이라 합니다.

'지호락'을 '곡식에 비유'하면, '안다는 것'은 곡식을 먹을

31 지호락(知好樂)은 아는(知) 것은 좋아하는(好) 것만 못하고, 좋아하는 것은 즐거워하는(樂) 것만 못하다는 말의 줄임말이다.

수 있음을 안다는 것이고, '좋아한다는 것'은 곡식을 먹음으로써 좋아하는 것이며, '즐거워하는 것'은 곡식 먹는 것을 즐거워하여 배가 부른 것을 의미합니다. 이를 학문하는 것으로 의론해 보면, 학문함으로써 알게 되는 것은 그것을 좋아하는 것만 못한 것이며, 학문을 좋아하는 것은 그것을 즐기는 것만 못한 것이 됩니다. 그러므로 어떤 것이든 즐기는 데까지 이르러야 합니다. 그것을 지속할 수 있는 토대土臺이기 때문입니다.

가르침과 리더

논어

공자가 이르기를, "중인 이상에게는 위의 것을 말해줄 수 있지만, 중인 이하에게는 위의 것을 말해줄 수 없다." (「옹야」)

원문

子曰 中人以上은 可以語上也어니와 中人以下는 不可以語上也니라

자해

* 중인이상中人以上 : 중등中等이상의 사람. 학문과 인격도야의 정도를 의미. 즉 철학적인 논의가 가능한 수준을 말함.
* 가이어상야可以語上也 : 수준 이상의 내용을 논할 수 있다. 가이可以 : '~할 수 있다, ~해도 좋다'라는 뜻의 조동사. 어語 : 말해 줌.
* 상上 : 상급 수준의 학문적 내용을 가리킨다.

해영

가르침은 본래 누구에게나 베푸는 것이 아닙니다. 상대가 받아들일 만한 그릇이 되는지를 봐야 합니다. 단언컨대 세상에는 중간 등급 이하의 사람이 많고, 중간 등급 이상인 사람은 적습니다. 진실한 마음을 담아 정밀하게 얘기할 때, 액면 그대로 받아들이는 사람은 중간 등급 이상입니다. 통상 이런 사람들과는 형이상학[32]적인 논의를 할 수 있습니다. 하지만 중간 등급 이하의 사람들과는 애초부터 형이상학적인 논의가 불가능합니다. 때문에 가르침도 대

---

32 형이상학(形而上學)은 도(道)라 하고, 형이하학(形而下學)은 기(器)라 이른다. 즉 '형이상학'은 정신적인 것을, '형이하학'은 물질적인 것을 의미한다. 따라서 '중인 이상'의 사람들과는 철학적인 논의가 가능하지만, '중인 이하'의 사람들은 물질에 관심이 많기 때문에 철학적인 논의가 불가능하다.

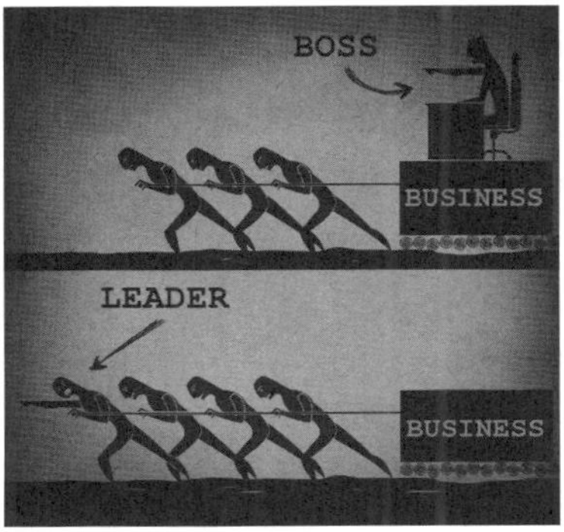

상자를 보아가며 베풀어야 하는 것이지요. 그 어떤 정밀한 이야기라도 듣지 않으면 언음이 처음과 다르지 않기 때문입니다.

시대의 리더는 예로부터 '중간 이상'의 사람입니다. 시대의 리더가 반드시 '중간 이상'이어야 하는 이유는 어떠한 책문策問이나 민원民願도 거침없이 받아들여 대책對策을 세울 수 있어야 하기 때문입니다. 만일 리더로 불리는 인사임에도 형이상학적인 논의가 불가능하다면 어떨까요? 이는 리더의 자격이 없다고 규정해도 무방할 것입니다. 물론 능력이 부족한 리더들은 스스로 거취去就를 결정함이 마땅할 것입니다. 주어진 역할도 제대로 소화하지 못하면서 리더의 타이틀을 쥐고 있는 것은 악惡과 다름없기 때문입니다. '시대의 리더를 귀貴하게 여기는 까닭'입니다.

지자요수 인자요산

논어

공자가 이르기를, "지자智者는 물을 좋아하고 인자仁者는 산을 좋아하니, '지자'는 동적動的이고 '인자'는 정적靜的이며 '지자'는 즐거워하고 '인자'는 장수한다."(「옹야」)

원문

子曰 知者는 樂水하고 仁者는 樂山이니 知者는 動하고 仁者는 靜하며 知者는 樂하고 仁者는 壽니라

자해

* 지자요수知者樂水 : 지혜로운 사람은 물을 좋아하다. 지知 : 지智와 같다. 요樂 : 기뻐하고 좋아하다. 인자요산仁者樂山 :

인한 사람은 산을 좋아하다.

* 지자락知者樂 : 지혜로운 사람은 즐거워하다. 락樂 : '즐겁다'라는 형용사가 '즐거워하다'라는 뜻의 의동사로 전용된 것.
* 인자수仁者壽 : 인한 사람은 장수한다. 담담하고 고요한 마음가짐으로 평탄한 삶을 유지하여 결과적으로 천수를 다한다는 뜻이다.

해역

세상 사람들 가운데에는 지혜로운 사람도 있고, 인한 사람도 있습니다. 보통 성정性情으로 말하면, 지혜로운 사람은 성품이 물과 같아 물을 좋아하고, 인한 사람은 성품이 산과 같아 산을 좋아합니다. 그러나 체단體段으로 말하면, 지혜로운 사람은 마음에 의심나는 바가 적어 사물에 가려지지 않아 그 마음이 잘 소통되어 움직임이 극진해지고, 인한 사람은 하늘의 이치가 온당하게 부합되어 사사로운 욕심이 뒤섞이지 않아 마음이 극진합니다.

또 효과로 말하면, 지혜로운 사람은 지기志氣가 총명하여 갈등이 일어나지 않아 늘 즐겁고, 인한 사람은 정신이 순일하고 의연하여 사물이 쉽게 침범하지 못하여 장수합니다. 그러나 지혜로운 사람과 인한 사람으로 나누어 보는 것은 각각의 자질을 통해 성취하는 정도를 두고 하는 말이지, 학문적으로 높고 낮음을 논하는 것은 아닙니다. 따라서 리더의 자질로 의론해 보면, '지혜로운 리더'와 '인한 리더'로 나누어 볼 수 있는 정도입니다.

가령 지혜로운 리더의 경우 '예외를 존중하는 스타일'이라면, 인한 리더는 '원칙을 고수하는 스타일'로 규정할 수 있습니다. 중요한 것은 예외를 존중하는 스타일이든, 원칙을 고수하는 스타일이든 우열을 가릴 수 있는 대상이 아니라는 사실입니다. 이는 지혜로운 리더든 인한 리더든 민중을 사랑하는 마음은 바탕에 꽉 차 있기 때문입니다. 모두가 소중한 존재들인 만큼, 시대의 리더들은 민중을 위한 지혜와 인함을 부지런히 표출해야 하겠습니다.

학이불염學而不厭

논어

공자가 이르기를, "묵묵히 기록하며, 배움에 싫어하지 아니하며, 사람 가르치는 것을 게을리 하지 않는 것이 무

엇이 내게 있겠는가."(「술이」)

원문

子曰 默而識之하며 學而不厭하며 誨人不倦이 何有於我哉오

자해

* 묵이지지默而識之 : 묵묵히 기록하다. 이而 : 부사 접미사. 묵지默識 : 말을 하지 않고 묵묵히 마음에 두다. 지識 : 기록함, 마음에 새기다. 지之 : 일반적인 사실 · 사물 · 사람을 가리키는 인칭대사.

* 학이불염學而不厭 : 배움에 싫어하지 않다.
* 하유어아재何有於我哉 : 나에게 무엇이 있는가.

해영

사람이 살아가는 도道, 즉 방법을 구하고자 하는 것은, 기본적으로 평소의 삶을 순조롭게 소통시키고자 함입니다. 그래서 자신보다 나은 사람들이 말이나 혹 글로 깨우침을 주면, 그것을 실천하기 위해 기록합니다. 묵묵히 말하지 않고 기록하는 것은 마음에 새기고자 함입니다. 또 배움을 싫어하지 않는 것 또한 내재적 가치를 기필期必하기 위함입니다. 이러한 덕목을 충실히 닦아가면서도 만족하지 않는 것은 늘 주변인들의 존재 때문입니다.

예컨대 성인聖人으로 불리는 공자라는 사람도 '세상의 도'를 바라거나 보지 못하는 것을 이 같이 하는데, 민중을 위해 존재한다는 리더들이야 부연할 필요도 없을 것입니다. 배움[學]은 곧 얻은 바의 결과이고, 가르침[誨]은 곧 배움의 결과입니다. 그러므로 시대의 리더들은 묵묵히 기록하고 배움을 싫어하지 아니하며 민중을 가르치는데 게을리 하지 않아야 함은 마땅합니다. 묵묵히 배우고 가르치는 삶의 도道, 리더들의 숙명이라 하겠습니다.

학문의 목표

논어

공자가 이르기를, "도道에 뜻을 두며, 덕德에 의거하며, 인仁에 의지하며, 예藝에 놀 것이다."(「술이」)

원문

子曰 志於道하며 據於德하며 依於仁하며 游於藝니라

자해

* 지志 : 마음이 가는 바를 얻음. 도道 : 날마다 행해야 할 마땅한 이치. 거據 : 잡아 지킴. 덕德 : 도를 행하여 마음에 얻는 것. 의依 : 어김이 없음. 인仁 : 사사로운 욕심은 다 없어지고 마음의 덕이 온전함.
* 유어예游於藝 : 육예에 놀다. 유遊 : 물건을 구경하여 뜻에 맞음. 예藝 : 옛날 선비들이 반드시 배워야 할 여섯 가지의 일, 즉 예악사어서수禮樂射御書數를 가리킨다.

해영

학문의 존재 이유는 뜻을 세우기 위함입니다. 거기에 필요한 도道는 실생활에서 마땅히 행해야 하는 것을 가치로 삼습니다. 이러한 '도'가 들어맞지 않으면 학문이 왜곡되기 쉽습니다. 자신의 몸을 표준으로 삼아 끊임없이 마음을 갈고 닦는 것도 이러한 이유 때문이지요. 따라서 마땅한 도를 통해 마음을 순일純一하게 해야 뜻을 이룰 수 있습니다.

시대의 리더가 되었든 학자가 되었든 추구하는 목표는 동일합니다. 즉 예藝의 경지에 이르고자 함입니다. 예藝의 경지는 도덕道德의 경지요, 도덕이 완비된 경지는 인仁이 활성화 된 세상을 말합니다. 선현들이 행한 것은 '도'라 하고, 행하여 얻은 것은 '덕'이라 이르며, '도덕'이 구비됨을 '인'이라 강조한 것도 이와 같은 목표의식 때문입니다.

리더는 예로부터 정치인입니다. 직무의 영역이 다를 뿐, 확이충지擴而充之[33]하고자 하는 마음은 다르지 않기 때문입니다. 따라서 '도'는 '인도'를 실천해야 하고, 그것을 끊임없이 쌓아 '덕'으로 전환시켜야 합니다. '도'와 '덕'이 완비되면 자연스럽게 '인'한 환경에서 '예'를 뽐내면서 함께 즐길 수 있습니다. 리더들이 눈을 크게 떠야 하는 이유입니다.

---

33 리더가 존재하는 본질적인 이유는 사회적 약자의 '마음을 넓혀주거나 부족함을 채워주는 일'이다.

한 모퉁이 세 모퉁이

논어

공자가 이르기를, "마음속으로 통하려고 노력하지 않으면 열어주지 않으며, 답답해하지 않으면 말해주지 않으며, 한 모퉁이를 들어주었는데 세 모퉁이를 증명하지 못하면, 다시 말해주지 않아야 한다."(「술이」)

원문

子曰 不憤이어든 不啓하여 不悱어든 不發호되 擧一隅에 不以三隅反이어든 則不復也니라

자해

* 분憤 : 마음으로 통함을 구하다가 얻지 못함. 비悱 : 입으로 말하고자 하나 할 수 없는 모양. 계啓 : 그 뜻을 열어줌. 발發 : 그 말을 통달하게 함.
* 거일우불이삼우반擧一隅不以三隅反 : 한 모퉁이를 들어주었는데 세 모퉁이로 반응하지 않다. 네 모퉁이 중에서 스승이 한 모퉁이를 들어 보이면 나머지 세 모퉁이는 제자가 스스로 유추해서 알아내야 한다는 뜻. 반反 : 돌이켜서 서

로 증명하는 것.

* 불부야不復也 : 반복하지 않다. 부復 : '반복하다'라는 뜻의 동사.

해영

가르침을 베풀고 싶으면, 먼저 그것을 받고자 하는 마음이 존재하는지를 알아야 합니다. 가령 어떤 사람이 '살아가는 도'를 구하고자 백방으로 뛰어다녔음에도 터득하지 못하고 있다면, 이를 분憤이라고 합니다. 이런 사람에 한해 가르침을 주면 바로 활연관통豁然貫通[34]하게 됩니다. 따라서 '분'하지 않는 사람에게는 가르칠 필요가 없다는 것입니다.

또 도道를 터득하기 위해 무진 애를 써도 이루지 못해 답답해하는 것을 이른바 비悱라고 합니다. 이러한 사람들에 한해 한 모통이를 들어주면, 세 모퉁이를 가지고 증명

---

34 사전적 의미는 '천하의 이치를 모두 체인(體認)하여 막힘이 없는 상태'를 뜻하지만, 본래 사물(事物)마다 가지고 있는 이치를 파악하여, 천하의 이치를 모두 체인하는 것으로 확대해 나가는 개념이다. 개개 사물의 이치에 대한 연구라는 연속적 과정과 천하의 이치를 모두 체인하는 상태에는 반드시 비약적인 관계가 개입되는데, 활연관통은 바로 이 비약적인 단계에 해당된다. 불교의 돈오(頓悟)의 상태에 비견되는 개념이다.

할 수 있도록 열어주는 것이지요. 물론 가르침을 주고자 하지만, 고집이 불통에다 깨닫지 못하는 자질이라면, 비록 가르쳐도 소용이 없기 때문에 반복할 필요가 없다고 하는 것입니다.

진실한 즐거움

논어

공자가 이르기를, "거친 밥을 먹고 물을 마시며, 팔을 구부려 베개를 할지라도 즐거움이 또한 그 가운데 있으니, 의義롭지 않으면서 부富하고 귀貴한 것은 나에게 뜬구름과 같다."(「술이」)

원문

子曰 飯疏食飮水하고 曲肱而枕之라도 樂亦在其中矣니 不義而富且貴는 於我에 如浮雲이니라

자해

* 반소사飯疏食 : 거친 밥을 먹다. 반飯 : '먹다'라는 뜻의 동사. 소사疏食 : 거친 밥. 보리밥이나 잡곡밥 따위의 맛없고 영양가도 없는 밥을 가리킨다.
* 부차귀富且貴 : 부유하고 또한 귀하다. 차且 : 체증遞增관계를 표시하는 접속사.

해영

부귀한 삶을 살다가 어떤 계기로 빈천한 삶이 되면 견디기 쉽지 않습니다. 가령 때마다 진수성찬으로 식사하다 환경이 바뀌면 견디지 못하고, 고급차만을 이용하다 경차로 바뀌면 견디지 못하며, 저택에 살다 소형주택으로 주거환경이 바뀌어도 견디지 못합니다. 지위도 마찬가지입니다. 고귀高貴한 지위에 있다 졸지에 박탈되면 흔들리는 경우가 많습니다.

그러나 먹는 것도 거칠고, 마시는 것도 물 정도이며, 팔

을 구부려 베개 삼는 빈곤한 삶에도 익숙해지면 오히려 즐거움으로 삼을 수 있습니다. 승용차가 없어도 고급주택이 아니어도 또 지위가 고귀하지 않아도 건강할 수 있는 것은 사사로운 감정을 밖으로 지향하지 않기 때문입니다. 빈천한 생활에도 내공內功이 쌓이면 부귀도 가볍게 여길 수 있는 것이지요.

양심막선어과욕養心莫善於寡欲[35]이라는 말이 있습니다. '마음을 수양함에 욕심을 적게 하는 것보다 좋은 것이 없다'는 말입니다. 평소 욕심을 줄이면, 비록 보존하지 못하는 것이 있더라도 잃는 정도가 적고, 욕심이 많으면 비록 보존됨이 있더라도 충격이 클 수밖에 없습니다. 빈곤한 삶이라도 능히 이겨낼 수 있어야 합니다. 리더는 군자이기 때문입니다.

---

35 『맹자』, 「盡心下」: 孟子曰, 養心莫善於寡欲, 其爲人也寡欲, 雖有不存焉者, 寡矣. 其爲人也多欲, 雖有存焉者, 寡矣.

모두가 스승

논어

공자가 이르기를, "세 사람이 길을 감에 반드시 나의 스승이 있으니, 선한 사람을 가려서 따르고, 선하지 못한 사람을 가려서 자신의 잘못을 고쳐야 한다."(「술이」)

원문

子曰 三人行에 必有我師焉이니 擇其善者而從之요 其不善者而改之니라

자해

* 삼인三人 : 세 사람. 나보다 나은 사람과 나보다 못한 사람 그리고 자신을 가리킨다. 자신보다 현명한 사람을 보면 그와 같아질 것을 생각하고, 자신보다 못한 사람을 보면 자신을 성찰하는 것이다.
* 기불선자이개지其不善者而改之 : 그 가운데(나보다 못한 사람의) 좋지 않은 점을 선택하여 그 점을 고치다. 맨 앞에 택擇이 생략되어 있다. 기其 : 일차적으로는 삼인三人을 가리키지만, 궁극적으로는 세 사람이 가진 장단점을 뜻한다.

* 불선자不善者 : 좋지 않은 점. 지之 : 불선자不善者를 가리키는 인칭대사. 종지從之의 지之는 나보다 나은 사람의 장점이고, 개지改之의 지之는 나보다 못한 사람을 통하여 깨닫게 된 자신의 단점으로, 두 개의 지之가 서로 성격이 다르다.

해영

공자가 세 사람이라고 언급하였다고 하여 딱 세 사람만을 의미하는 것은 아닙니다. 예를 들고자 한 것 뿐입니다. 가령 세 사람이 동행하면 거기에는 반드시 나의 스승이 될 만한 사람이 있다는 말입니다. 이런 사람은 반드시 사람을 '선'한 경지로 이끌어, 선하지 않은 이들을 경계하도록 합니다. 그러므로 '선'한 사람을 가려서 그 행태를 따르면, 곧 스승이 되는 것이지요. 물론 선하지 않은 사람의 행태를 보면, 도리어 자신의 생활 태도를 살펴 그 잘못된 점을 고치려는 마음을 갖게 되니, 이 또한 스승이 됨은 말할 것도 없는 것이지요.

잠시 공직公職으로 의론해보겠습니다. '공직'도 국가직의 경우는 행정과 사법, 입법 등으로 나뉘어져 있고, 지방직도 분류해보면 복잡합니다. 모두가 중대사를 위해 움직이는 동안, 인재로 존중받으면 좋겠지만 실상은 딴판인 경우도 있습니다. 바로 스승으로 존중할 만한 인사들이 다수이긴 하지만, 반면교사로 삼을 만한 사람도 존재하는 게 사실입니다. 선자善者의 행태를 본받아 더 나은 공직자로 변모하는 것도 자신이지만, 불선자不善者의 행태를 통해 성찰할 수 있는 것도 자신입니다. 부지런히 주변을 둘러봐야 하겠습니다.

방심은 금물

논어

공자가 이르기를, "인仁이 멀리 있는가? 내가 '인'을 하고자 하면 곧 '인'이 이른다."(「술이」)

원문

子曰 仁遠乎哉아 我欲仁이면 斯仁이 至矣니라

자해

* 인원호재仁遠乎哉 : 인仁이 먼가. 호재乎哉 : 반문의 어기를

표시하는 어기조사. 의문의 어기를 표시하는 어기조사 호乎와 감탄의 어기를 표시하는 어기조사 재哉가 합쳐진 것.

해영

"인仁이 과연 멀리 있는 것일까요?" 평소의 삶을 성찰하게 하는 질문입니다. 사람들이 쉽게 '인'한 행위를 하지 못하는 것은 아마도 자신과 동떨어진 것이라고 여기기 때문이 아닐까요? 하지만 '인'한 행위는 별도로 시간을 투자해서 하는 게 아닙니다. '마음의 덕'을 '인'이라 했으니, 내가 '인'한 행위를 하면, 곧 '인'에 이른다는 지극히 평범한 생활 속에 있는 것입니다.

그렇다면 방심放心하지 않는 게 중요합니다. 학자로 의론하면, 종신토록 해도 부족하겠지만, 지도자로 의론하면, 날마다 생기는 '도'와 '덕'을 잘 길러가는 것이 '인'한 행위라 할 것입니다. 가령 파트너십을 가지고 아래를 원만하게 아우르며 정책을 구상하고 추진하는 것도 하나의 인한 행위가 될 수 있지요. '인'은 내공內功도 필요 없습니다. 행하면 이루어지는 것입니다.

탕탕척척蕩蕩戚戚

논어

공자가 이르기를, "군자는 너그럽고 넓으며, 소인은 항상 근심한다."(「술이」)

원문

子曰 君子는 坦蕩蕩이요 小人은 長戚戚이니라

자해

* 군자탄탕탕君子坦蕩蕩 : 군자는 평탄하고 넓다. 탄坦 : 지면이 평탄함. 동요 없이 평온함. 탕탕蕩蕩 : 너그럽고 넓은 모양.
* 소인장척척小人長戚戚 : 소인은 늘 근심한다. 장長 : 장구하게, 늘, 항상. 상常과 같다. 척척戚戚 : 근심하는 모양.

해영

군자는 기본적으로 하늘[정신]을 지향하고, 소인은 땅[물질]을 지향합니다. 한결같이 세상의 이치를 따르는 군자는 늘 평탄함이 넓고 멀리 퍼져가지만, 소인은 반대로 지향하기 때문에 항상 조바심을 내면서 근심합니다. 사사로운 감정에 이끌려 그 얻는 바가 물적 이로움으로 귀결되기 때문에 끝없이 지속되어도 악순환의 고리를 끊지 못하는 것이지요.

군자는 정신력이 강한 사람입니다. 때문에 사사로운 물욕에 흔들리지 않습니다. 가령 공직자의 마음도 군자의 마음과 다르지 않습니다. 민중의 '마음을 넓혀주고 채워주는 것'을 주로 하는 덕분에 자신도 모르게 탄탕탕坦蕩蕩한 마음을 유지하는 것이지요. 일부 초심을 잃어 회초리[36]가 필요한 구성원도 있지만, 대체는 군자의 이름에 부합합니다.

네 가지 아름다운 덕

논어

공자가 이르기를, "공손하되 예禮가 없으면 수고롭고, 삼가하되 예禮가 없으면 두려워하게 되고, 용감하되 예禮가

36 공직에 임용된 초기에는 사명감을 가지고 청렴한 생활을 지속한다. 일정 시간이 지나 혼인을 하고 자식이 생기면 상황은 달라진다. 거주하는 집의 규모를 확대하거나 생활도 점차 양적에서 질적으로의 변화를 추구한다. 이때 조심해야 한다. 청렴한 공직자로 살겠다고 다짐했던 초기의 마음, 즉 회초리(回初理)를 잊지 않아야 한다.

없으면 혼란스럽고, 강직하되 예禮가 없으면 너무 급하다. 군자가 친척에게 후하게 하면 민중들은 인仁에 흥기하고, 친구를 버리지 않으면 민중들의 인심이 각박해지지 않는다."(「태백」)

원문

子曰 恭而無禮則勞하고 愼而無禮則葸하고 勇而無禮則亂하고 直而無禮則絞니라 君子篤於親則民興於仁하고 故舊를 不遺則民不偸니라

자해

* 공이무례즉로恭而無禮則勞 : 공손하되 예가 없으면 수고롭다. 공손도 적절해야지 지나치면 곤란하다는 뜻이다. 예禮 : 도를 지나치지 않고 사리에 맞게 적절히 조절된 절도 있는 행동 양식을 뜻한다.
* 신이무례즉사愼而無禮則葸 : 삼가되 예가 없으면 두려워하다. 사葸 : 두려워하다.
* 직이무례즉교直而無禮則絞 : 강직하되 예가 없으면 급해진다. 교絞 : 급하다, 조급하다.
* 군자독어친즉민흥어인君子篤於親則民興於仁 : 군자가 친척에

게 돈독하면 민중들이 인에 흥기한다. 군자君子 : 여기서는 윗자리에서 다스리는 사람을 가리킨다.

* 고구불유즉민불투故舊不遺則民不偸 : 옛사람, 즉 친구를 버리지 않으면 민중들이 각박해지지 않는다. 투偸 : 각박하다.

해영

예禮의 본질은 무엇일까요? 바로 인仁입니다. '인'을 구현하기 위한 수단37에 불과한 것이지요. 사실 '예'라는 것은 상대를 위한 일이지만, 따지고 보면 자신을 위한 일입니다. 가령 상대에게 공손하게 대하면 '나' 또한 대접받을 수 있고, 상대를 도와주면 '나' 또한 도움 받을 수 있습니다. 이처럼 예의 이면에는 인한 마음이 반드시 존재해야 하는 것이지요. 인이 배제된 예는 허례이기 때문입니다.

그리고 예를 표현함에도 절도가 있어야 합니다. 예컨대 지나친 공손은 자칫 상대를 부담스럽게 하여 결국 수고로움에 그칠 가능성이 있고, 지나친 용기는 오히려 평화를

---

37 인의예지(仁義禮智)에서 가장 본질은 인(仁)이다. 마찬가지로 예(禮)의 본질도 인(仁)이다. 남대문으로 불리는 숭례문(崇禮門)의 본의도 인(仁)으로 들어가기 위한 절차인 동시에 타인을 배려하겠다는 마음을 담은 일종의 상징이다. 사대문을 드나들 때마다 인(仁)을 본질로 삼아 의(義)와 예(禮), 지(智)를 수단으로 삼고자 대문에 새긴 것이다. 예컨대 동대문은 흥인지문(興仁之門), 서대문은 돈의문(敦義門), 남대문은 숭례문(崇禮門), 북대문은 홍지문(弘智門)이 그것이다.

해쳐 혼란만 가중시킬 수 있으며, 지나친 강직은 야박하게도 가족의 잘못도 고발하는 어처구니없는 일이 벌어질 수 있기 때문입니다. 인을 표현하기 위한 예가 전도顚倒될 수 있는 것도 이처럼 지나침에 달려 있는 것입니다.

군자는 말할 것도 없이 민중을 위해 존재하는 사람입니다. 민중과 돈독하면 위아래가 예를 다하게 되면서 각박한 삶에서 벗어날 수 있습니다. 군자가 되었든 리더가 되었든 예를 행하는 것도 속에 따뜻한 인仁, 즉 애민의식이 가득 차 있어야 합니다. 문서는 말할 것도 없고 행동거지 하나에도 예가 스며있어야 합니다. 이를 위해서는 끊임없이 인이 무엇인지, 예가 무엇인지를 알아야 하겠습니다.

중책重責

논어

증자가 이르기를, "선비는 도량이 넓고 굳세지 않을 수 없다. 책임이 무겁고 길이 멀기 때문이다. '인'으로써 자기의 책임을 삼으니 또한 무겁지 않겠는가? 죽은 뒤에야 끝나니 또한 멀지 않겠는가?"(「태백」)

원문

曾子曰 士不可以不弘毅니 任重而道遠이니라 仁以爲己任이니 不亦重乎아 死而後已니 不亦遠乎아

자해

* 의毅 : 굳세다.
* 인이위기임仁以爲己任 : 인으로 자기의 임무로 삼다. 인이仁以 : 이인以仁이 도치된 것. 기己 : 일인칭대사. 임任 : 임무, 책임.
* 사이후이死而後已 : 죽은 뒤에 그치다. 이후而後 : 이후以後와 같음. 이已 : 그치다, '그만두다'라는 뜻의 동사.

해영

선비는 그 어떤 책문策問도 대책對策으로 소통시킬 수 있는 넓은 도량을 갖추어야 합니다. 그러기 위해서는 굳센 몸과 의연한 마음은 기본입니다. 본질적으로 인仁을 구현하기 위해서지만, 만물의 이치를 몸소 체득하여 이를 민중과 고락을 함께 하는 것이 존립의 이유이자 기반임을 고려하면 당연한 일입니다.

선비의 소임은 이처럼 무겁습니다. 범인凡人들과 다른

생각, 다른 행동은 기본입니다. 다른 말로 부연하면 리더들의 길도 이와 다르지 않습니다. 생사生死가 간단하지 않듯 '몸이 생生하고, 마음이 존存하는' 동안, 끊임없는 채찍질을 통해 어떠한 어려움도 이겨낼 수 있어야 합니다. 당위이기 때문입니다.

스스로 낮춤

논어

공자가 이르기를, "민중은 도道를 따르게 할 수는 있어도 그 원리를 알게 할 수는 없다."(「태백」)

원문

子曰 民은 可使由之요 不可使知之니라

자해

* 민가사유지民可使由之 : 민중은 그들로 하여금 따르게 할 수 있다. 민民 : 사士나 인人의 대조적인 개념으로 피지배자로서의 민중을 가리킨다. 사使 : 다음에 목적어로서 민

民을 가리키는 인칭대사가 생략되어 있다.

* 불가사지지不可使知之 : 그들로 하여금 알게 할 수 없다. 지之 : 일반적인 사실·사물·사람을 가리키는 인칭대사.

해영

성인聖人의 말씀은 스스로 낮추는 경향이 강하고, 현인賢人의 말씀은 스스로 높이는 경향이 있습니다. 때문에 성인의 말씀은 높아지고, 현인의 말씀은 상대적으로 낮아집니다. 이런 경향은 공직사회의 정서와도 무관치 않습니다. 스스로를 높이지 못해 안달하는 인사들이 적지 않지요. 틈만 나면 높아지려고만 하는 통에 구성원들 간 갈등도 끊이지 않습니다. 성인의 말씀처럼, 낮추고자 하면 높아지고, 높이고자 하면 낮아진다는 것과는 딴판입니다.

동류의 공직자이고 목표의식이 뚜렷하지 않아도 '공직철학의 도'를 따르게 하는 것은 그리 어렵지 않습니다. 하지만 그것을 명확하게 인지할 수 있도록 하는 건 결코 쉬운 일이 아니지요. 마찬가지로 민중에게 '도'를 따르게 할 수는 있어도 그것을 알 수 있게 하는 건 사실상 불가능한 일로 규정해도 과언이 아닐 것입니다. 따라서 '시대의 리더'로 자처하는 사람들은 누구나 삶의 철학을 확실히 인식하고 스스로를 낮춰야 합니다. 낮춰야 높아집니다.

부재기위不在其位

논어

공자가 이르기를, "그 지위에 있지 않으면, 그 정사政事를 도모하지 않는다."(「태백」)

원문

子曰 不在其位하여는 不謀其政이니라

자해

* 불모기정不謀其政 : 그 정사를 꾀하지 않다. 기其 : 일반적인 사람을 가리키는 인칭대사.

해영

예로부터 공직자는 정치인입니다. 지위와 역량에 따라 다스림의 영역이 다를 뿐이지요. 가령 초야에 묻혀있는 사람들은 아무리 좋은 정책을 지니고 있다 한들 그것을 실현하기 쉽지 않습니다. 지위와 역량 때문입니다. 반대로 대단한 지위와 역량이 있다 하더라도 마땅히 지켜야 할 분수는 있습니다. 넘어 버리면 이른바 월권越權[38]이 되기 때문입니다.

정치적인 업에 종사하는 공직자들은 특히 조심해야 합니다. 지위로 누르거나 말도 안 되는 정책을 가지고 주재 또는 강제하려 해서는 안 되는 것이지요. 갈등이 꼬리를 물면 조직 전체가 와해될 수도 있기 때문입니다. 함부로 정사를 도모하지 말라는 것은 이와 같은 이유 때문입니다. 절제가 필요합니다. 그래야 시대의 화두인 창조정치가 가능합니다.

38 사전적 의미로는 '자기 권한 밖의 일에 관여하여 남의 직권을 침범하는 일'로 규정하고 있지만, 본래 월권(越權)이란 의미는 나무를 심어 문 안을 가리는 수색문(樹塞門)이나, 술잔을 받치는 작(酌)의 규모 등에서 비롯되었다.

한결같은 배움

논어

공자가 이르기를, "배움은 따라가지 못할 듯이 하고, 오히려 잃을까 두려워하여야 한다."(「태백」)

원문

子曰 學如不及이요 猶恐失之니라

자해

* 학여불급學如不及 : 배움은 미치지 못할 듯하다. 늘 부족하다는 마음을 가지고 열심히 배운다는 뜻이다.
* 유공실지猶恐失之 : 오히려 그것을 잃을까 두려워하다. 유猶 : 오히려, 아직도, 그래도. 지之 : 학學, 즉 배운 내용을 가리키는 인칭대사.

해영

'배운다는 것'은 말할 것도 없이 실제에서 활용하기 위함입니다. 유가儒家에서는 '배움으로 시작'하여 '배움으로 마무리' 한다고 해도 과언이 아닐 만큼, 배움의 길은 끝이 없습니다. 일부 학자는 배우는 사람의 자세에 대해 '앞으로 나아가고자 하는 자는 달아난 자를 쫓지만 미치지 못하는 것과 같이 하고, 그 마음이 오히려 혹 잃어버려서 마침내 쫓아가지 못할까 두려워하는 것처럼 해야 한다'고 주장합니다. 적절한 비유가 아닐 수 없습니다.

소학동자小學童子로 불린 한훤당 김굉필(金宏弼 : 1454~1504)은 평생을 배우고 실천하는데 게을리 하지 않았고, 남명 조식(曺植 : 1501~1572)은 몸에 성성자惺惺子라는 방울을 달고 살았다지요. 혹 배운 것을 실천하지 못할까 싶어 경종으로 삼은 결과입니다. 가령 공직자들이 이런 저런 시스템을 통해 갖가지 교육을 받는 것도 결국 민생을 위한 조치의 일환이라는 점에서 보면, 결코 게을리 할 수 없는 일입니다. 배움은 숙명입니다.

덕과 여색

논어

공자가 이르기를, "나는 덕德을 좋아하기를 여색女色을 좋아하듯이 하는 사람을 보지 못했다."(「자한」)

원문

子曰 吾未見好德을 如好色者也니라

자해

* 호덕好德 : 덕을 좋아함.
* 여호색如好色 : 여색을 좋아함과 같다.

해영

여색女色을 좋아하는 마음을 돌이켜 덕德을 좋아한다면 이루지 못할 덕이 없지요. 어렵지 않은 말입니다. 그러나 이를 실천하기란 만만치 않습니다. 성性이라는 글자도 '살려고 하는 마음'에서 비롯된 것처럼, 여색을 뒤로 하고, '덕' 쌓는 일만 실행하기란 결코 쉽지 않은 일입니다.

공직으로 의론해 보지요. 자기 가족을 사랑하는 만큼, 민중을 사랑하라는 말과 다르지 않은 얘기입니다. 이성적으론 부정할 수 없는 말이지만, 감성적으론 가족을 먼저 사랑하고 남는 힘이 있어야 민중을 사랑할 수 있는 것이 우리네 정서이기 때문입니다. 어쩔 수 없는 인지상정입니다.

여색을 좋아하는 감정은 '본능'입니다. 이러한 본능에 충실히 하는 것을 부정할 수는 없습니다. 그렇다면 여색을 좋아하듯 덕德 쌓는 데에도 정력을 쏟는 것은 어떨까요? 이를 위해서는 '사사로운 욕심을 배제하는 마음부터 다져야' 합니다. 덕 쌓는 것은 그다음의 일이기 때문입니다.

배움의 성취

논어

공자가 이르기를, "(학문을) 비유하자면 산을 만드는데 흙 한 삼태기가 모자라 이루지 못하고 그치는 것도 내가 그치는 것이며, 비유하자면 땅을 고르는데 비록 흙 한 삼태기를 부어서 나아가는 것도 내가 하는 것이다."(「자한」)

원문

子曰 譬如爲山에 未成一簣하여 止도 吾止也며 譬如平地에 雖覆一簣나 進도 吾往也니라

자해

* 비여위산譬如爲山 : 비유하자면 산을 만드는 것 같다. 비여譬如 : '비유하자면 ~와 같다. 비유컨대'라는 뜻의 관용어.

* 미성일궤未成一簣 : 한 삼태기가 모자라 이루지 못하다.
* 수복일궤雖覆一簣 : 비록 한 삼태기를 붓더라도. 궤簣 : 삼태기.

해역

세상을 살아가면서 배움에 있어서의 성취는 매우 중요한 가치 가운데 하나입니다. 비유하자면 흙을 쌓아 산을 이루는 것과 흡사합니다. 가령 한 삼태기의 흙을 더하면 반드시 산을 이룰 수 있음에도 갑자기 그만두면 뜻을 이루지 못하는 경우와 같습니다. 한 삼태기의 흙을 더 부어서 산을 이루는 것도 자신의 일이요, 그만두는 것도 자신의 일이지요. 성취와 성취하지 못하는 것은 이처럼 미묘微妙함에서 비롯됩니다. 나아가고 그치는 것이 모두 자신의 의지意志에 달려있는 셈이지요.

학문에 있어서는 더디게 진척되는 것을 걱정하기보다는 그치는 것을 경계해야 합니다. 불파만 지파참不怕慢 只怕站이라고, 더딘 것을 두려워할 게 아니라 그만두는 것을 두려워하라는 것이지요. 공직으로 의론하면, 민중을 위하는 마음을 결코 잊어서는 안 되는 것과 같은 경우입니다. 민중이 마음에서 떠나면 성과는 물론 존립할 수도 없기 때문입니다. 학자가 자강불식自强不息[39]하며 작은 것을 쌓아 큰 것을 이루듯, 공직자도 작은 부분을 잊지 않아야 크게 성취할 수 있습니다.

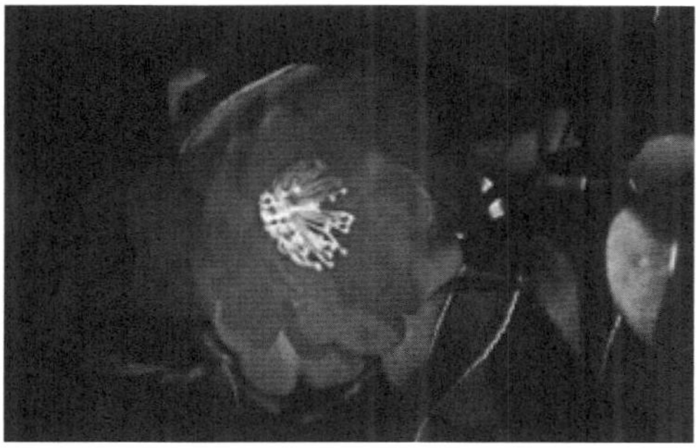

꽃과 열매

논어

공자가 이르기를, "싹이 났으나 꽃이 피지 못하는 경우도 있고, 꽃은 피었으나 열매를 맺지 못하는 경우도 있다." (「자한」)

39 하늘의 강건한 덕을 표준으로 삼아 끊임없이 노력하는 태도를 가리킨다. 『주역(周易)』, 「상전(象傳)」에서 "하늘의 운행은 굳세니 군자는 그것을 본받아 스스로를 강하게 하여 쉼이 없다[天行健君子以自强不息]"라는 데에서 유래한다.

원문

子曰 苗而不秀者有矣夫며 秀而不實者有矣夫인저

자해

* 묘苗 : 곡식이 처음 나는 것. 수秀 : 꽃이 피는 것. 실實 : 곡식이 성숙된 것.
* 유의부有矣夫 : 있도다. 의부矣夫 : 감탄의 어기를 표시하는 어기조사.

해영

식물은 대체로 '싹이 난 뒤에 꽃'이 피고, '꽃이 핀 뒤에 열매'를 맺습니다. 싹에는 꽃이 필 유전자가 담겨 있지만 반드시 꽃을 피우는 것은 아니며, 꽃 역시 열매를 맺는 유전자가 있지만 반드시 열매를 맺는 것은 아닙니다. 사람이 학문을 하는 경우나, 공직자가 공직을 수행하는 경우도 성취하는 유전자는 본래부터 존재합니다. 그러나 반드시 성취하는 것은 아니지요. 환경의 지배를 받기 때문입니다.

문제는 꽃을 피우지 못할지라도, 열매를 맺지 못할지라도, 공직자가 성과를 내지 못할지라도 포기해서는 안 된다는 것입니다. 꽃을 피우기 위해 노력하고, 열매 맺기 위해 노력하듯, 공직자도 성과가 없을 것이라고 예단하여 직무를 게을리 하거나 멈춰서는 안 되는 것입니다. 비록 기대하는 만큼의 성과는 나오지 않을지라도 성과를 내기 위해 무진 애를 써야 하는 것이지요. 그게 도리이기 때문입니다.

군자의 절개

논어

공자가 이르기를, "날씨가 추워진 뒤에야 소나무와 잣나무가 뒤늦게 시드는 것을 안다."(「자한」)

원문

子曰 歲寒然後에 知松柏之後彫也니라

자해

* 세한歲寒 : 추운 겨울. 조彫 : 시듦. 조凋와 통용.

해영

만물이 무성할 때는 강하고 약함이 잘 드러나지 않습니

다. 그러나 해가 저물어 찬바람 부는 겨울이 되면 저마다 가지고 있던 기운이 마르고 쇠해집니다. 하지만 소나무와 잣나무는 때에 관계없이 푸른빛을 유지합니다. 이는 세상이 태평하여 별일이 없을 때는 군자와 소인의 차이가 없는 것처럼 보이지만, 유사시에는 소나무와 잣나무처럼 분별되고야 맙니다.

날이 추워져야 소나무와 잣나무가 드러나고, 유사시가 되어야 군자와 소인이 드러납니다. 때문에 소나무와 잣나무가 초목의 군자라면, 군자는 소나무나 잣나무와 같은 존재입니다. 시대의 리더들도 마찬가지입니다. 소나무와 잣나무 같은 인재들이 셀 수 없이 많지요. 나라에 혼란이 멈추지 않는 형국에서도 강건하게 유지되는 이유가 여기에 있는 것입니다.

가려 먹음

논어

밥은 정미로 한 것을 싫어하지 않으며, 회는 가늘게 썬 것을 싫어하지 않았다. 밥이 상하여 쉰 것과 생선이 상하여 고기가 부패한 것을 먹지 않았다. 빛깔이 나쁜 것을 먹지 않고, 냄새가 나쁜 것을 먹지 않았으며, 잘못 익힌 것을 먹지 않고, 때가 되지 않은 것을 먹지 않았다. 자른 것이 바르지 않으면 먹지 않고, 장이 갖추어지지 않으면 먹지 않았다. 고기가 비록 많으나 밥 기운을 이기게 하지 않았으며, 술은 일정한 양이 없었는데 어지러운 지경에 이르지는 않았다. 시장에서 사온 술과 포를 먹지 않았다. 생강을 먹는 것을 그만두지 않았다. 많이 먹지 않았다.(「향당」)

원문

食不厭精하며 膾不厭細러다 食饐而餲와 魚餒而肉敗를 不食하며 色惡不食하며 臭惡不食하며 失飪不食하며 不時不食이러다 割不正이어든 不食하며 不得其醬이어든 不食이러다 肉雖多나 不使勝食氣하며 惟酒無量하대 不及亂이러다 沽酒市脯를 不食하며 不撤薑食

하며 不多食이러다

자해

* 식불염정食不厭精 : 밥은 정미한 것을 싫어하지 않다. 사食 : 밥. 정精 : 쌀을 곱게 찧다, 정미하다.
* 사의이애食饐而餲 : 밥이 상하여 냄새가 나고 맛이 변한 것. 의饐 : 음식이 쉬어서 냄새가 나다. 애餲 : 음식이 쉬어서 맛이 변하다. 의饐와 애餲는 같은 것으로 정도의 차이가 약간 있을 뿐이다.
* 어뇌이육패魚餒而肉敗 : 생선이 상하고 고기가 부패하다. 뇌餒 : 물고기가 썩다. 이而 : '~와' 라는 뜻의 접속사. 여與와 같다.
* 실임失飪 : 익히는데 있어서 적정선을 놓치다. 덜 익거나 너무 익은 것을 뜻한다.
* 불시不時 : 때가 아니다. 과일이나 곡식이 제대로 성숙되지 않아 해로울 가능성이 있음을 뜻한다. 불不 : 비非와 같다.
* 부득기장不得其醬 : 그것에 어울리는 장을 얻지 못하다. 가령 회를 먹을 때는 겨자를 푼 장이 필요한 것처럼 음식에 따라 각기 그것에 어울리는 장이 있어야 하는 법인데 그

것이 없음을 뜻한다.

* 불사승사기不使勝食氣 : 밥 기운을 이기도록 하지 않다. 사使 다음에 육肉을 가리키는 인칭대사가 생략되어 있다.

* 고주시포불식沽酒市脯不食 : 시장에서 사온 술과 포를 먹지 않다.

* 불철강식不撤薑食 : 생강 먹는 것을 그만두지 않다.

해영

생명을 유지하기 위해서는 음식飮食이 필수요소입니다. 공자의 음식 취향은 특이했습니다. 정미하지 않은 밥보다는 정미된 밥을 선호했고, 정갈하지 않은 회膾보다는 정갈한 회를 좋아했으며, 상한 생선이나 상한 고기, 색이 변하거나 냄새가 변한 것도 먹지 않았지요. 또 계절에 맞게 수확된 곡식이나 과일을 선호했습니다. 공자의 이러한 행위는 음식마다 가지고 있는 고유의 성질이 서로 조화를 이루어야 한다는 의식 때문이었지요.

오래전, 음식을 지은 사람은 '어떤 것을 먹을 때는 반드시 어떤 것과 함께 먹으라'고 하였다지요. 서로 도움이 되어야 한다고 보았기 때문입니다. 혹 어긋나면 반드시 몸에 해가 되기에, 먹고 마시는데 가리게 된 것이지요. 몸을 기르는, 이른바 양생養生의 핵심은 곡식을 위주로 하고, 고기는 몸을 돕는 일종의 보조제로 삼았습니다. 자칫 고기를 지나치게 섭취하면 고기 기운이 곡식 기운을 해쳐 균형이 깨져 병이 든다고 본 것이지요.

술도 마찬가지입니다. 사람을 기르는데 필요한 보조제임에도 과음하면 몸의 균형이 깨져 몸을 상하게 합니다. 가리지 않을 수 없는 이유가 여기에 있습니다. 따라서 먹어서 사람을 상하게 할 수 있는 것은 애초부터 먹지 않는 것이 좋습니다. 가령 공직생활도 이와 다르지 않습니다. 민중의 마음을 넓혀주고 채워주기 위한 이른바 '확충' 외에는 가릴 필요가 있습니다. 공직을 사사롭게 하거나, 조직 이기주의를 위한 행위 등도 가려야 합니다.

공직자의 이름에 걸맞은 행위를 위해서는 각각의 공직자들이 의식을 확고하게 다지고 실천하지 않으면 안 되는 것이지요. 먹고 마시는, 이른바 '음식'도 몸의 균형을 위해 가려먹듯, 공직자들 또한 마땅히 민중을 위해 존재한다는 것을 깊이 인식하여, 다른 조직과의 조화를 이룰 수 있도록 가려 움직일 필요가 있습니다. 이를 위해서는 내공이 필요합니다. 내공이 흘러 넘쳐야 몸을 위해 음식을 가리듯 민중을 위해 헌신할 수 있습니다.

생사의 도

논어

계로가 귀신을 섬기는 것에 대하여 묻자, 공자가 이르기를, "사람을 섬기지 못한다면 어떻게 귀신을 섬기겠는가?" "감히 죽음을 묻습니다." 공자가 이르기를, "태어남을 알지 못한다면 어찌 죽음을 알겠는가?"(「선진」)

원문

季路問事鬼神한대 子曰 未能事人이면 焉能事鬼리오

敢問死하노이다 曰 未知生이면 焉知死리오

자해

* 계로季路 : 공자의 제자 자로子路.
* 미능사인언능사귀未能事人焉能事鬼 : 사람을 섬기지 못한다면 어찌 귀신을 섬기겠는가?[40]

---

40 이는 사람을 섬기듯 귀신을 섬기면 된다는 뜻이다. 가령 조상에게 제사지낼 때는 조상이 앞에 앉아 계시는 것처럼 생각하고, 신령에게 제사를 지낼 때는 마치 신령이 앞에 앉아 있는 것처럼 생각하고 경건하게 하면 된다는 의미다.

해영

밝음은 삶이고, 어두움은 죽음이라는 이야기가 있습니다. 여기서 태어나는 도를 알면 죽는 도를 추측推測[41]할 수 있고, '귀신 섬기는 도'를 알면 '사람 섬기는 도' 또한 알 수 있다는 것입니다. 이는 분열이나 통합 등 이분법적으로 보지 않음을 의미하는 것입니다. 세속에서 유가儒家를 현실주의 철학이라고 하는 이유가 여기에 있지요. 귀신을 섬기는 것과 생사의 문제는 종교철학의 문제로도 연계됩니다. 살아가면서 고민하지 않을 수 없는 문제지요.

리더들이 가지는 최고의 가치는 역시 민중을 이상세계로 인도하는 것입니다. 민중을 이상세계로 인도하기 위해서는 수많은 구성원들의 의식이 고양高揚되어야 합니다. 그리고 그 이상을 실현하기 위해서는 현실을 직시해야 합니다. 물론 현실을 바로 볼 수 있는 혜안을 가진 리더들이 즐비해야 할 것입니다. 혜안을 가진 리더들은 상호 지니고

---

41 조선 후기의 석학인 최한기(崔漢綺 : 1803~1877)는 추측의 방법으로 다섯 가지를 제시했다. 즉 현상적 존재인 기(氣)를 통하여 본질인 이(理)를 추측하는 것[推氣測理], 드러난 정(情)을 통하여 본성(性)을 추측하는 것[推情測性], 움직임(動)을 보고 정지상태(靜)를 알아내는 것[推動測靜], 자기(己) 자신을 미루어 남(人)을 알아보는 것[推己測人], 사물(物)을 바탕으로 그 일(事)을 짐작하여 아는 것[推物測事]이 그것이다.

있는 약점을 보완하고 강점을 부각하면 민중의 삶의 질은 저절로 높아지지요. 귀신 섬기는 일은 그다음입니다.

기질 변화

논어

공자가 이르기를, "유의 비파 가락을 어찌 내 문하에서 연주하는가?" 문인들이 자로를 공경하지 않자, 공자가 이르기를, "유는 당에는 올랐으나 아직 방에 들어오지는 못한 것이다."(「선진」)

원문

子曰 由之瑟을 奚爲於丘之門고 門人이 不敬子路한대 子曰 由也는 升堂矣요 未入於室也니라

자해

* 유지슬由之瑟 : 유의 슬. 유由 : 자로子路. 슬瑟 : 거문고와 비슷하면서 더 큰 현악기로 줄이 보통 25개로 이루어져 있다.

* 해위어구지문奚爲於丘之門 : 어찌 내 문하에서 연주하는가. 위爲 : 연주하다. 어於 : 장소를 표시하는 전치사. 구丘 : 공자의 이름. 실室 : 학문하면서 초기엔 마당에서 배우다가 당堂으로 올라가고, 일정한 실력이 갖춰지면 실室로 들어가는 것이 학문의 과정이다.

해영

공자의 제자 비판입니다. 자로의 기질이 강한데다 용맹만 가득한 때문인지 그의 비파에서 나오는 소리가 중화中和되지 못하여 경계해야 함을 이른 말입니다. 예컨대 공자는 사람을 가르칠 때 '중화'를 숭상하는데 자로의 비파소리는 그의 가르침과 다르다 보니 문제를 삼은 것이지요. 즉 그의 거친 기질을 변화시켜 '도'를 터득하는 방법을 일러준 것입니다.

가령 공직자의 길에 들어선 이들을 위해 선배공직자들은 각종 교육프로그램을 통해 후배공직자들을 훈도합니다. 여기에는 자로처럼 거친 공직자도 있고, 가르침을 그대로 따라하는 공직자도 있으며, 유약하여 느리게 체득하는 공직자도 존재합니다. 그러나 누구나 일정한 시간을 투자하면, 대체로 '공직의 도'를 무난하게 터득하는 것이 일반적입니다.

미당未堂이란 호號를 사용한 시인이 있습니다. 아직 당堂에 오르지도 못한 천한 신분이란 뜻을 가슴에 새기며 산 것이지요. 물론 겸사로 사용한 것이지만, 자신을 낮춘 하나의 모범 사례로 전합니다. 공직자들도 공직 본연의 도를 위해서는 적지 않은 내공을 필요로 합니다. 내공의 힘이 넘쳐야 보다 고품질의 행정서비스가 가능하기 때문입니다.

극기복례克己復禮

논어

안연이 인仁에 대하여 묻자, 공자가 이르기를, "자기를 극복하고 예禮로 돌아가는 것이 인을 행하는 것이니, 하루 동안이라도 자기의 사욕을 이겨 예로 돌아가면 천하가 인을 허여할 것이다. 인을 행하는 것은 자기로 말미암는 것이지, 남에게서 말미암는 것이겠는가?" 안연이 말하였다. "그 조목을 묻겠습니다." 공자가 이르기를, "예가 아니면 보지 말며, 예가 아니면 듣지 말며, 예가 아니면 말하지 말며, 예가

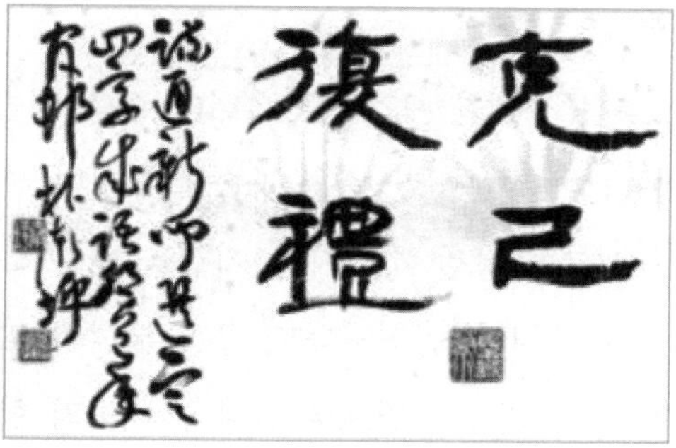

아니면 움직이지 말 것이다." 안연이 말하였다. "제가 비록 민첩하지 못하지만 청컨대 이 말씀에 종사하겠습니다."(「안연」)

원문

顔淵이 問仁한대 子曰 克己復禮爲仁이니 一日克己復禮면 天下歸仁焉하나니 爲仁이 由己니 而由人乎哉아 顔淵이 曰 請問其目하노이다 子曰 非禮勿視하며 非禮勿聽하며 非禮勿言하며 非禮勿動이니라 顔淵이 曰 回雖不敏이나 請事斯語矣리이다

자해

* 극기복례위인克己復禮爲仁 : 자기를 극복하고 예로 돌아가

는 것이 인이다. 극기克己 : 자신의 무절제한 욕망을 억제하다. 복례復禮 : 언행이 예禮에 맞는 상태로 복귀하다. 이런 상태가 바로 정상적이고 원래적인 모습이며, 개인적인 욕망에 사로잡혀 있는 상태는 비정상적이고 변질된 모습이라는 인식이 전제되어 있다. 위爲 : 이다.

* 천하귀인언天下歸仁焉 : 천하가 인을 허여할 것이다. 귀歸 : 허여함, 인정함. 언焉 : 어시於是와 같으며 시是는 일일극기복례一日克己復禮한 사람을 가리킨다. 인仁 : 본심의 온전한 덕德.
* 극克 : 이김. 기己 : 일신一身의 사욕私慾. 복復 : 돌아감. 예禮 : 천리天理의 절문節文.
* 위인유기이유인호재爲仁由己而由人乎哉 : 인을 행하는 것은 자기로 말미암는 것이지 남으로 말미암는 것이겠는가. 위인爲仁 : 그 마음의 덕을 온전히 하는 것. 유由 : ~로 말미암다, ~에 달려 있다.
* 청문기목請問其目 : 청컨대 그 조목을 묻다. 청請 : '청컨대, 부디, 모쪼록'이라는 뜻의 부사. 상대방 동작에 대한 존경의 뜻을 표시한다. 목目 : 조목條目.
* 비례물동非禮勿動 : 예가 아니면 움직이지 말라. 물勿 : 금지를 표시하는 부사.

* 청사사어의請事斯語矣 : 청컨대 이 말씀에 종사하다. 사事 : 일삼다, 종사하다, 힘쓰다. 의矣 : 단정적인 어기를 표시하는 어기조사.

해영

마음의 온전한 덕德은 역시 하늘에 근거하는 것이지만, 자칫하면 자신의 사사로운 욕심에 의해 무너질 수도 있습니다. 때문에 인仁을 행하는 사람은 반드시 자신의 사적 감정을 철저히 제어하여 하늘의 이치에 부합하는 행동을 해야 합니다. 안연이 '예'의 조목條目을 묻자, '예'가 아니면 보지 말고, 듣지도 말며, 말하지도 말며, 움직이지도 말라고 한 것은 이러한 이유 때문입니다.

공자가 사사로운 욕심을 이겨 '예'의 세상을 만들고자 했던 나라는 주周나라였습니다. 나라와 상관없이 자신의 사사로운 욕심을 이긴다는 것에 방점을 찍을 필요가 있습니다. '예'가 일반적으론 '남을 위한 것'으로 보이지만, 본질적으로는 배려하는 만큼 돌아온다는 점에서 보면 결국 자기 자신을 위한 것이기 때문입니다. 예禮의 세상으로 돌아가도록 부지런히 애써야 하겠습니다.

신뢰의 정치

논어

자공이 정치에 대하여 묻자, 공자가 이르기를, "양식을 풍족히 하고, 병력을 풍족히 하면 민중들이 믿을 것이다." 자공이 말하길, "반드시 부득이해서 버린다면 이 세 가지 중에 무엇을 먼저 버려야 합니까?" 공자가 이르기를, "병력을 버려야 한다." 자공이 말하길, "반드시 부득이해서 버린다면 이 두 가지 중에 무엇을 버려야 합니까?" 공자가 이르기를, "양식을 버려야 하니, 예로부터 누구나 다 죽지만, 민중들이 믿어주지 않으면 설 수 없는 것이다."(「안연」)

원문

子貢이 問政한대 子曰 足食足兵이면 民信之矣리라 子貢이 曰 必不得已而去인댄 於斯三者에 何先이리잇고 曰 去兵이니라 子貢이 曰 必不得已而去인댄 於斯二者에 何先이리잇고 曰 去食이니 自古皆有死어니와 民無信不立이니라

자해

* 민신지의民信之矣 : 민중들이 믿다. 신信 : 믿게 하다. 일반 타동사가 사역동사로 전용된 것. 지之 : 민民을 가리키는 인칭대사. 효과를 강조하기 위해 '민'을 앞으로 내세우고 그 자리에 다시 인칭대사를 쓴 것이다. 의矣 : 단정적인 어기를 표시하는 어기조사.
* 어사삼자하선於斯三者何先 : 이 세 가지 중에 어느 것을 앞세우는가. 하선何先 : 의문문에서 대사 목적어와 동사가 도치된 것. 선先은 그다음에 거去가 있으면 부사어가 되겠지만, '거'가 생략됨으로써 동사역할을 하고 있다.

해영

제자인 자공이 정치하는 도를 묻자 공자는 '양식'을 풍족히 하고, '병력'을 풍족히 하면 민중들이 '신뢰'할 것이라 하였습니다. 양식이 부족하면 민중이 생업에 종사하더라도 제대로 된 세금을 낼 수가 없어 결국 정치하는 도가 아니라고 보았고, 병력이 부족하면 국방이 불안해져 편안한 삶을 영위하기 어려워 정치의 도가 아니라고 보았으며, 신뢰가 없으면 민중을 교화할 수도 없을뿐더러 풍속 또한 쇠퇴해져 갈등이 상존함으로써 종국에는 나라가 존립할 수 없어 정치의 도가 아니라고 본 것이지요. 민중의 신뢰가 존재해야 풍속을 가지런히 할 수 있다는 점에서 중시하지 않을 수 없는 것입니다.

정치의 도는 예나 지금이나 민중을 위하는데 있습니다. 민중을 위한다는 것은 잘 먹고 잘살게 하는 게 요체입니다. 이를 위해서는 경제정책과 국방정책이 튼실해야 합니다. 먹고 사는 문제와 국방이 튼실해야 몸과 마음을 편안하게 할 수 있기 때문이지요. 하지만 민중의 신뢰가 담보되지 않으면, 이 또한 허상에 불과할 것입니다. 그 어떤 우수한 경제정책이나 국방정책이 있다 해도 사상누각沙上樓閣이 될 수밖에 없습니다. 정치하는 사람들이 신뢰를 중시하는 것은 이러한 원리 때문이지요. 경제와 국방을 안정시켜 신뢰를 담보하는 것도 시대의 리더들 몫입니다. 깨어 있어야 하는 이유입니다.

다움

논어

제나라 경공[42]이 공자에게 정치에 대하여 묻자, 공자가 답하기를, "임금은 임금답고, 신하는 신하다우며, 아버지는 아버지답고, 자식은 자식다운 것입니다."(「안연」)

원문

齊景公이 問政於孔子한대 孔子對曰 君君 臣臣 父父 子子니이다

---

42 제 경공(齊景公) : 기원전 547년부터 490년까지 재위했던 제나라의 임금. 성은 강(姜), 이름은 저구(杵臼). 위의 이른바 '정명론(正名論)'은 공자가 고국인 노나라의 내란을 피해 제나라로 갔을 때 그와 나누던 이야기의 하나다.

자해

* 군군君君 : 임금이 임금답다. 뒤의 군君은 명사가 형용사로 전용된 것으로 술어이다. 고대 중국어에 있어서는 이처럼 명사가 형용사로 전용되기도 했다.

해영

나라가 혼란해지는 원인은 다양합니다. 그 여러 원인 가운데 하나는 이름에 부합되지 않는 행위라 하겠습니다. 가령 지도자가 지도자답지 못하고, 관리자가 관리자답지 못하며, 아비가 아비답지 못하고, 자식이 자식답지 못하면 혼란의 이유가 될 수 있고, 선생이 선생답지 못하고 학생이 학생답지 못한 것도 역시 혼란한 이유가 될 수 있지요.

공직사회도 마찬가지입니다. 대통령이 대통령답지 못하면 국정이 혼란해지고, 시장이 시장답지 못하면 시정이 혼란해지며, 도지사가 도지사답지 못하면 도정이 혼란해집니다. 물론 공직자가 공직자답지 못해도 혼란해질 수밖에 없음은 말할 것도 없습니다. 이름에 부합되는 행위를 위해서라도 '의식'이 필요합니다. 혼란을 줄일 수 있는 첩경입니다.

군자지미君子之美

논어

공자가 이르기를, "군자는 남의 아름다움美을 이루어 주고, 남의 악惡을 이루어 주지 않지만, 소인은 이와 반대이다."(「안연」)

원문

子曰 君子는 成人之美하고 不成人之惡하나니 小人은 反是니라

자해

* 성成 : 이끌어 주고 권장하여 그 일을 이루는 것.
* 소인반시小人反是 : 소인은 이에 반하다.

해영

군자는 마음 쓰는 것이 소인과 다릅니다. 기본적으로 남들에게 도움이 되도록 하는 선한 마음을 지니고 있지요. 때문에 남들의 선한 일을 보면 그 일이 이루어지기 전이라도 일이 이루어지도록 인도하고, 일이 이루어지면 칭찬

합니다. 또 선한 일을 지속할 수 있는 환경을 조성해 주는가 하면, 일이 성취되도록 도와줍니다. 반대로 선하지 않은 일을 하면 징계하여 바르게 해서 더 이상 악한 쪽으로 가지 않도록 막습니다.

소인은 군자의 행동과 반대로 합니다. 마음 쓰는 것이 각박하고 좋아하는 것이 악한 데 있지요. 유유상종한다고 동류의 사람들끼리 영합하다 보니, 악순환의 고리가 끊이지 않습니다. 선한 일을 시기하고 훼방 놓는 것을 자랑합니다. 군자는 함께 '군자'되기를 소원하지만, 소인은 함께 '소인'되기를 선호합니다. 때문에 군자는 시대의 리더로 불렸습니다. 리더라는 이름에 걸맞은 행위가 필요합니다. 당위이기 때문입니다.

솔선수범

논어

계강자[43]가 공자에게 정치에 대해 묻자, 공자가 답하기를, "정치란 바르게 하는 것이니, 그대가 바름으로써 솔선수범한다면 누가 감히 바르지 않겠는가?"(「안연」)

원문

季康子 問政於孔子한대 孔子對曰 政者는 正也니 子帥以正이면 孰敢不正이리오

자해

* 자솔이정子帥以正 : 그대가 바름으로써 이끌다. 자子 : 그대, 선생, 당신. 2인칭대사. 솔帥 : 이끌다. 솔선수범하다. 본을 보이다.

해영

기본적으로 동양의 정치관政治觀은 민본民本에 있습니다. 민본을 바로하기 위해서는 수기안인修己安人, 즉 자신을 먼저 수련한 이후에 민중을 편안하게 하는 것입니다. 때문에

지도자에게는 솔선수범率先垂範을 무엇보다 중요한 덕목으로 여깁니다. 가령 지도자가 솔선수범하는데 선善을 버리고 악惡을 택할 민중은 없기 때문입니다. 또한 민중은 지도자들의 의식수준을 그대로 따르기 때문에 교화敎化의 첫걸음은 바로 '솔선수범'에서 비롯되는 것임을 알 수 있습니다.

예컨대 조선왕조는 '성리학을 국학'으로 삼고, 그 이념을 국시로 채택한 나라입니다. 국가의 기본정책은 '패도'가 아닌 '왕도를 지향'하였고, '법치'보다는 '덕치'를 우선 하였지요. 즉 왕도와 덕치는 지도자의 솔선수범을 기초로 합니

---

43 노나라 중엽부터 대부(大夫)가 정치를 담당함으로써 혼란에 빠져 바른 정치가 행해지지 않았다. 이를 바로 잡기 위해 공자는 당시 대부였던 계강자에게 솔선수범할 것을 요구한 것이다.

다. 법의 강제적 남용을 억제하고 인간의 자율성을 제고하기 위해 '교화를 통한 인간화 작업을 중시'하는 특징이 있지요. 연장선상에 있는 오늘날의 정국政局도 그 맥脈이 고스란히 이어져 오고 있는 만큼, 지도자들은 항상 솔선수범해야 하겠습니다.

충고

논어

자공이 벗에 대하여 묻자, 공자가 이르기를, "충심으로 말해주고 잘 인도하다가 안 되면 그만 두어서 스스로 욕되게 하지 말아야 한다."(「안연」)

원문

子貢이 問友한대 子曰 忠告而善道之하되 不可則止하여 無自辱焉이니라

자해

* 선도善道 : 잘 이끌다. 도道 : 인도하다. 도導와 같다.

* 무자욕언無自辱焉 : 스스로 욕되게 하지 말라. 무無 : 금지를 표시하는 부사. 무毋와 같다. 언焉 : 어시於是와 같으며 어於는 원인, 근거를 표시하는 전치사이고, 시是는 충고이선도지忠告而善道之를 가리키는 지시대사이다.

해역

벗이란 인仁을 돕는 사람을 가리킵니다. 가령 선한 것은 권하고, 과실은 바로 잡도록 해주는 사람이지요. 그러나 선한 것은 권하고 과실은 바로잡도록 하는 데에도 받아들이는 사람의 태도를 살펴야 합니다. 아무리 선의라 해도 받아들일 자세가 되어 있지 않은 사람에게는 자칫 오해를 불러 오히려 사이가 벌어질 수도 있기 때문입니다.

그리고 벗을 사귀는 데에는 마땅히 성실誠實을 무기로 삼아야 합니다. 성실이 담보되지 않으면 '인'을 도울 수 없을 뿐만 아니라 벗의 충고 또한 원만하게 소화시킬 수 없기 때문입니다. 지도자에게도 간언諫言이 받아들여지지 않으면 떠나듯, 벗도 충고를 받아들일 도량이 되지 못한다면 그쳐야 합니다. 양자 모두를 위한 일입니다.

지도자의 삶

논어

자로가 정치에 대하여 묻자, 공자가 이르기를, "솔선할 것이며 부지런해야 한다." 더 자세히 말씀해 주시길 청하자, "게을리 하지 말아야 한다."(「자로」)

원문

子路가 問政한대 子曰 先之하고 勞之니라 請益한대 曰 無倦이니라

자해

* 선지로지先之勞之 : 솔선할 것이며 부지런해야 한다. 그들에 앞장서고 나서 수고롭게 하다. 로勞 : 수고롭게 하다, 일을 시키다. 지之 : 둘 다 일반적인 민중을 가리킨다.
* 무권無倦 : 게을리 하지 말라. 선지로지先之勞之의 원칙을 지속적으로 지켜 나가야 함을 뜻한다.

해영

정치의 도道는 자신의 마음가짐으로부터 출발하여 민중

으로 확대되는 특성이 있습니다. 즉 정치란 민중이 행하기 이전 선행해야 하는 것이지요. 가령 민중으로 하여금 부모를 부모로 섬기게 하려면 자신부터 솔선하여 부모를 섬기고, 부모를 공경하게 하려면 자신부터 부모를 공경하는 모습을 보여야 합니다. 사람으로서 마땅히 행해야 할 기본적인 행위라도 자연스럽게 입에서 입으로 퍼져나가면 결국 민중들이 따라하지 않을 수 없는 것이지요.

아울러 민중으로 하여금 부지런히 움직이게 하려면 자신부터 앞장서서 부지런히 움직여야 합니다. 민중은 지도자의 이러한 모습을 본받아 역시 부지런해지지 않을 수 없습니다. 정치가 자신의 몸에서 비롯된다고 하는 말은 이러한 구조적 정서 때문입니다. 이는 공직의 정서에도 그대로 적용됩니다. 국정이 되었든 시정이 되었든 모두가 지도자의 의지에 따라 민중의 삶의 질은 달라집니다. '솔선'과 '부지런함', 정치에서 더없이 중요한 덕목입니다.

도덕적 삶

논어

공자가 위나라에 가실 때에 염유가 수레를 몰았다. 공자가 이르기를, "민중들이 많기도 하구나!" 염유가 말하였다. "이미 민중들이 많으면 또 무엇을 더 하여야 합니까?" 공자가 이르기를, "부유하게 해 주어야 한다." 말하기를, "이미 부유해지면 또 무엇을 더 하여야 합니까?" 하자, 이르기를, "가르쳐야 한다."(「자로」)

원문

子適衛하실새 冉有僕이러니 子曰 庶矣哉라 冉有曰 旣庶矣어든 又何加焉이리잇고 曰 富之니라 曰 旣富矣어든 又何加焉이리잇고 曰 敎之니라

자해

* 염유복冉有僕 : 염유가 수레를 몰다. 복僕 : 수레를 모는 것. '마부'라는 뜻의 명사가 '마부노릇을 하다'라는 뜻의 동사로 전용된 것이다.
* 기서의旣庶矣 : 이미 많게 되다. 의矣 : ~하게 되다. 상황의

변화나 새로운 상황의 출현을 표시하는 어기조사.

* 우하가언又何加焉 : 또 무엇을 더하는가. 하가何加 : 대사 목적어와 동사가 도치된 것. 언焉 : 어시於是와 같다.
* 부지富之 : 부유하게 하다. 부富 : 형용사가 사역동사로 전용된 것. 지之 : '이미 많아지게 된 사람'을 가리킨다.

해영

정치의 근본 목적 가운데 두 가지 요소가 있습니다. 하나는 도덕의 확립이고, 다른 하나는 경제입니다. 도덕은 정신적 삶을 풍요롭게 하고, 경제는 물질, 즉 육체적 삶을 풍요롭게 합니다. 두 가치가 모두 중요하지만 보다 중요하기로 따지자면 '도덕을 확립하는 일'입니다. 그러나 현실에서 경제를 더 우선하는 것은, 군자는 가난해도 도덕을 실천할 수 있는 마음이 존재하지만, '소인은 가난하면 도덕을 배척'하기 때문에 육체적 삶, 즉 경제를 중시하는 것이지요.

따라서 도덕을 확립하는 것이 보다 정의로운 일이지만, 민중들의 호구糊口를 위해 경제에 먼저 집중하는 것입니다. 다시 말해 도덕을 가르치기 위해서는 먹고 사는 문제를 선행해야 한다는 얘기이지요. 그럼 먹고 사는데 필요한 건 무엇일까요? 우선 토지와 주택 등을 기본으로 보유할 수 있도록 해줘야 하고, 세금의 부담을 덜어주는 정책이 뒤따라야 합니다. 삶의 욕구가 일정부분 채워져야 가르칠 수 있기 때문입니다. '도덕이 이상'임을 잊지 말아야 합니다.

왕도王道

논어

공자가 이르기를, "만일 왕자王者가 있다 하더라도 반드시 한 세대가 지난 뒤에야 민중들이 인仁해질 것이다."(「자로」)

원문

子曰 如有王者라도 必世而後仁이니라

자해

* 여유왕자如有王者 : 만일 왕자가 있다 하더라도. 여如 : 양보관계를 표시하는 접속사. 왕자王者 : 패자霸者에 대칭되는 말로 요임금이나 순임금처럼 왕도王道로써 천하를 다

스리는 성왕聖王을 가리킨다.

* 필세이후인必世而後仁 : 반드시 한 세대가 지난 뒤에야 민중들이 '인'해진다. 세世 : 세대. 30년을 한 세대라 한다. 이후而後 : 이후以後와 같다.

해영

훌륭한 지도자가 출현한다 하더라도 갑자기 세상이 좋아지기는 쉽지 않습니다. 관성 때문이지요. 천명天命을 받아 성스러운 마음으로 인仁한 정치, 즉 왕도정치王道政治를 펼쳐도 그 '교화'가 세상에서 통하려면 수없이 많은 시간이 필요합니다. 공자는 이를 한 세대, 즉 30년의 세월은 필요하다고 본 것입니다. 세상의 정서가 이러한데, 패도覇道가 난무하고 있는 오늘날의 정치가 '인'해지기를 기대하는 것은, 어쩌면 요원한 일일 수도 있을 것입니다.

다시 말해 지극히 '인'한 마음의 소유자가 나타나 왕도정치를 행해도 한 세대가 지나야 '인'한 세상이 도래합니다. 그러므로 하루아침에 '인'해지기를 바라는 것은 마치 우물에 가서 숭늉을 찾는 격일 것입니다. 이러한 정서 때문에 지도자들은 예로부터 부단히 수련을 하였지요. 도래하지 않아도 도래할 것을 기대하며 수련을 하고, 도래할 기미가 없는 경우는 직접 수련을 통해 지도자로 변신하는 것을 꾀하였습니다. 결국 사람과 시간이 문제라 하겠습니다.

정직

논어

섭공44이 공자에게 말하였다. "우리 고을에 정직하게 행동하는 자가 있습니다. 그의 아버지가 양을 훔쳤는데, 아들이 그것을 증언하였습니다." 공자가 이르기를, "우리 고을의 정직한 자는 이와 다르다. 아버지는 자식을 위해 숨겨주고 자식은 아버지를 위해 숨겨주니, 정직함은 그 가운데 있는 것이다."(「자로」)

원문

葉公이 語孔子曰 吾黨에 有直躬者하니 其父攘羊이어늘 而子證之하니이다 孔子曰 吾黨之直者는 異於是하니 父爲子隱하며 子爲父隱하나니 直在其中矣니라

자해

* 오당유직궁자吾黨有直躬者 : 우리 고을에 정직하게 행동하는 사람이 있다. 당黨 : 500가구가 사는 마을. 직궁直躬 : 몸을 정직하게 행동하는 자.
* 양攘 : 계기가 있어 훔치는 것.
* 이어시異於是 : 이와 다르다. 어於 : 비교의 대상을 표시하는 전치사.
* 직재기중의直在其中矣 : 정직은 그 가운데 있다. 기其 : 부위자은, 자위부은父爲子隱, 子爲父隱을 가리키는 인칭대사. 의矣 : 필연의 결과를 표시하는 어기조사.

해역

공직자로 의론하면, 갖춰야 할 기본적인 덕성 가운데 하나는 '정직'이라 할 수 있습니다. 그러나 여기서의 '정직'이란 형법에서의 정직이 아닌 부자윤리父子倫理에서 비롯됨을 의미합니다. 부자간의 윤리는 부모가 자식을, 자식이 부모를 먼저 위하는 마음입니다. 마찬가지로 공직에서의 윤리 또한 구성원들 간의 윤리에서 벗어나지 않음을 의미합니

44 섭공(葉公)은 지금의 하남성 섭현(葉縣) 남쪽 지역으로 당시 초나라에 속했던 섭 지방의 수장 심제량(沈諸梁)을 말한다.

다.

가령 단체장의 직무수행에서 벌어지는 추호秋毫의 과실도 용인할 수 없는 구성원이라면 그 조직은 곧 경직될 것이고, 마찬가지로 구성원의 작은 실수도 용납하지 못하는 단체장이라면 역시 경직된 환경에서 벗어나지 못할 것입니다. 부자간의 윤리를 무시하지 않아야 사회가 유연성을 발휘하듯, 공직사회도 구성원 간의 윤리가 깨지면 곤란해집니다.

일각에서는 이러한 '공직의 윤리를 비판'하기도 합니다. 공직은 법률에 따라 집행되는 곳인 만큼, 항상 엄격해야 한다는 것이지요. 하지만 이는 형정刑政만 알고 예악禮樂[45]의 기능은 몰라서 하는 얘기입니다. 사회가 순기능을 할 때는 '예악'만으로도 충분히 작동이 가능하지만, 역기능이 존재할 때 '형정'이 불가피하다는 점에서 성찰이 요구됩니다.

우리의 정서, 유가儒家의 삶에서 벗어나지 않습니다. 가

---

45 대체로 내재적 수단의 통제조절 능력이 상실될 경우, 외재적 수단으로 바로잡아 나간다. 가령 내재적 수단의 수기(修己)와 외재적 수단인 치인(治人), 내재적 수단인 예악(禮樂)과 외재적 수단인 형정(刑政), 내재적 수단인 음식(飮食)과 외재적 수단인 약물(藥物), 인체의 다스림(治療)과 나라 다스림(治國)이 무관하지 않은 것이다.

령 현행법에도 부모의 범죄 사실을 자식이 숨겨준다고 하여 처벌하지 않듯, 자식의 범죄 사실을 부모가 숨겨준다고 하여 책임을 묻지 않습니다. 세상이 부자의 윤리로부터 출발하고 있음을 의미하는 것이지요. 이러한 기본적인 정서를 잊어서는 곤란합니다. 정직은 이 가운데 있기 때문입니다.

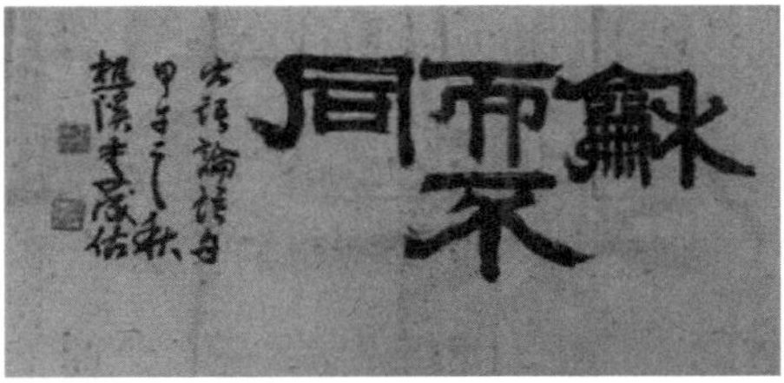

화이부동和而不同

논어

공자가 이르기를, "군자는 조화를 이루고 뇌동[46]하지 않으며, 소인은 뇌동하고 조화를 이루지 못한다."(「자로」)

원문

子曰 君子는 和而不同하고 小人은 同而不和니라

46 뇌동(雷同) : 그 어떤 주관도 없이 그저 상대의 의견을 맹목적으로 좇음.

자해

* 소인동이불화小人同而不和 : 소인은 뇌동하고 조화를 이루지 못한다. 화和 : 거슬리고 비틀어진 마음이 없는 것. 동同 : 아당阿黨하는 뜻이 있는 것.

해영

군자의 마음 씀씀이와 소인의 마음 씀씀이를 엿볼 수 있는 대목입니다. 군자의 마음은 항상 주관을 가지고 있으면서도 공변되어, 역지사지易地思之하는 마음으로 상대에게 거스름이 없어 조화를 이루게 됩니다. 그러나 소인의 마음은 늘 사사롭기 때문에 이익에 따라 시기하거나 각박함을 즐겨 동료와 조화롭게 거처하지 못하고 편당합니다.

다시 말해 군자는 상대가 내 생각과 설사 다르더라도 화합을 위해 존중합니다. 그래서 조화를 이루지요. 물론 자신의 주관을 견지함은 말할 것도 없습니다. 하지만 소인은 대체로 이익을 주로 하기 때문에 자신의 주관을 쉽게 꺾습니다. 이 때문에 상대에게 동화되기 쉬운 것이지요. 사사로운 마음이 생기지 않도록 수련해야 하는 이유입니다.

군자와 소인의 인품

논어

공자가 이르기를, "군자는 섬기기는 쉬워도 기쁘게 하기는 어렵다. 기쁘게 하기를 도로써 하지 않으면 기뻐하지 않고, 사람을 부림에 있어서는 그릇에 따라 한다. 소인은 섬기기는 어려워도 기쁘게 하기는 쉽다. 기쁘게 하기를 비록 도에 맞게 하지 않더라도 기뻐하지만, 사람을 부림에 있어서는 다 갖출 것을 요구한다."

원문

子曰 君子는 易事而難說也니 說之不以道면 不說也요 及其使人也하여는 器之니라 小人은 難事而易說也니 說之雖不以道라도 說也요 及其使人也하여는 求備焉이니라

자해

* 군자이사이난열야君子易事而難說也 : 군자는 섬기기는 쉬워도 기쁘게 하기는 어렵다. 이 · 난易 · 難 : '쉽다' 또는 '어렵다'라는 뜻의 형용사로 뒤에 동사를 동반하여 '~하기

쉽다' 또는 '~하기 어렵다'라는 뜻을 이루는 특수한 기능을 가지고 있다. 사事 : 여기서 '섬기다'는 것은 군자를 위하여 일을 해준다는 의미로 다음 구절의 사使와 표리관계이다. 즉 모시는 사람의 입장에서는 사事가 되고 부리는 사람의 입장에서는 사使가 된다. 열說 : '기쁘다'라는 뜻의 형용사가 사역동사로 전용된 것. 열悅과 같다.

* 급기사인야及其使人也 : 그가 사람을 부림에 있어서는. 급及 : ~에 이르게 되면, ~할 때에. 원래 '~에 이르다'라는 뜻의 동사이지만 이 경우 전치사적 성격이 더 강하다. 기其 : 군자를 가리키는 인칭대사. 야也 : 음절을 조정하고 어기를 고르는 어기조사.
* 기지器之 : 그 사람을 그릇에 따르다. 기器 : '그릇'이라는 뜻의 명사가 의동사意動詞로 전용된 것. 각각의 그릇을 그 기능에 따라 하나의 특수한 용도에 사용하듯 사람을 쓸 때 그 사람이 가진 재능의 종류에 따라 그에 알맞은 임무를 부여한다는 뜻이다.
* 구비언求備焉 : 다 갖출 것을 요구하다.

해영

군자와 소인의 행태는 공변됨과 사사로움의 차이 정도

입니다. 군자의 마음은 항상 공변되어 타인도 자신의 마음처럼 생각하지요. 때문에 어지간한 실수에도 용서를 잘 합니다. 군자는 상대가 욕심을 가지고 접근하지 않는다면, 어떠한 경우든 부족한 부분을 채워주고자 노력하기 때문에 섬기기가 쉽습니다. 그러나 군자는 일을 함에 있어서는 이치에 맞을뿐 아니라 도道로써 기준을 삼기 때문에 기쁘게 하기는 실로 어렵습니다. 반면 소인은 사사로운 욕심이 가득 차 있기 때문에 이치나 '도'보다는 필요한 부분만 채워주면 쉽게 만족합니다. 하지만 마음이 각박하기 때문에 계속해서 섬기기란 결코 쉽지 않습니다.

가령 고위 관료官僚로 의론하여 보겠습니다. 같은 고위 관료라 하더라도 군자의 이름에 부합할 만큼 훌륭한 인품의 소유자가 있는가 하면, 어떻게 그 자리까지 올랐는지 고개를 갸우뚱하게 하는 인사도 존재합니다. 문제는, 군자다운 고위 관료는 아랫사람의 어려움을 마치 자신의 일처럼 역지사지하며 챙기는데 반해, 소인 같은 관료는 아랫사람이 지속적으로 보필해도 항상 불만을 토로하기 바쁘다는 점입니다. 이런 이유로도 군자다운 관료는 섬기기 어렵지 않지만, 소인 같은 관료는 섬기기 어렵다고 하는 것이지요. 이는 공직사회 환경과 아무런 관련이 없습니다. 인품의 문제일 뿐이지요. 쉽지 않은 일입니다.

가르침

논어

공자가 이르기를, "가르치지 않은 민중을 써서 전쟁을 한다면, 이것을 일러 민중을 버리는 행위라 한다."(「자로」)

원문

子曰 以不教民戰이면 是謂棄之니라

자해

* 시是 : 이불교민전以不教民戰을 가리키는 지시대사. 동위어 관계로 이불교민전以不教民戰은 외위주어이고 시是는 본위

주어이다. 위謂 : ~이다. 위爲와 같다.

해영

공직公職을 전쟁으로 대체하여 보겠습니다. 수기치인修己治人이라고 먼저 공직에 임용되기 위해서는 반드시 시험이라는 관문關門을 통과해야 합니다. 물론 관문을 통과하기 위해서는 학업을 통해 자신을 수련하는 시간이 필요하지요. 누구나 수련한다고 모두가 임용되는 것은 아니지만, 아무튼 의례를 통과하게 되면 비로소 공직생활이 시작됩니다.

이 때가 되면 본격적으로 민중과의 전쟁이 시작됩니다. 임용 초기, 민중의 마음을 읽어내기 어려워 시행착오를 곧잘 겪습니다. 때문에 보다 고품질의 행정서비스를 제공하기 위해서는 선배 공직자들의 지혜를 빌릴 수밖에 없습니다. 하지만 오래 가지 못하고 곧 바닥을 드러내는 수가 많지요. 직간접으로 행정능력을 배양하기 위해 나서게 되는 이유지요.

때마침 오늘날에는 언제 어디서나 행정서비스를 원활하게 제공할 수 있도록 직무교육을 수시로 실시합니다. 일각에서는 지나치게 직무교육을 과중하게 부여한다고 볼멘소리를 하기도 하지만, 따지고 보면 모두가 행정능력을 극대화 하여 민중의 마음을 '넓혀주고 채워주는' 이른바 확이충지擴而充之하고자 함을 감안하면, 결코 부정할 일은 아닙니다.

전쟁에 임하기 위해서는 잘 다듬어진 무기와 이를 능숙하게 다룰 수 있는 장수가 필요합니다. 또한 천차만별의 민중과의 공방을 위해서도 만반의 태세를 갖춰야 합니다. 가르치지 않은 민중을 써서 전쟁에 임할 수 없듯, 가르치지 않고 행정의 서비스 질을 논하는 것도 소용없기는 마찬가지입니다. 교육이야 말로 무기임을 잊지 말아야 하겠습니다.

편안함의 배척

논어

공자가 이르기를, "선비로서 편안하기를 생각하면 선비라 할 수 없다."(「헌문」)

원문

子曰 士而懷居면 不足以爲士矣니라

자해

* 사이회거士而懷居 : 선비가 편안함을 생각하다. 이而 : 가정이나 조건을 표시하는 접속사. 거居 : 마음이 편안한 곳, 집안에서 한가로이 지내다.

해영

선비라는 사람이 이치의 편안함에 따르지 않고, 오직 자신의 사정에만 얽매여 편안함만을 강구한다면, 이는 안으로는 덕德을 손상시키는 일이며, 밖으로는 사업事業[47]을 폐하는 일이 될 것입니다. 가령 공직사회의 리더들도 마찬가지입니다. '공직의 도'를 따르지 않고 '일신의 안위만을 일삼는' 그런 인사라면, 단언컨대 공직사회의 리더가 될 수 없습니다. 공직사회의 리더는 오로지 민중을 위하는 데만 마음을 써야 합니다. 당위이기 때문입니다.

---

47 사업(事業)의 본래 의미는 '생명을 다루는 일'을 뜻한다.

문서의 완성

논어

공자가 이르기를, "외교문서를 만들 때에 비심[48]이 초고를 만들고, 세숙[49]이 따져 보고, 행인인 자우[50]가 꾸미고 동리의 자산[51]이 윤색을 하였다."(「헌문」)

원문

子曰 爲命에 裨諶이 草創之하고 世叔이 討論之하고 行人子羽가 修飾之하고 東里子産이 潤色之하니라

자해

* 위명爲命 : 외교문서를 만들다. 명命 : 정부의 공문서. 여기서는 정鄭나라가 다른 나라에 보내는 외교사령을 뜻한다.
* 비심초창지裨諶草創之 : 비심이 초고를 만들다. 초창草創 :

48 비심(裨諶)은 정나라의 대부다. 이름은 조(竈)이고 심(諶)은 그의 자이다.
49 세숙(世叔)은 정나라의 대부다. 이름은 유길(游吉)이고 『춘추전(春秋傳)』에서는 자태숙(子太叔)이라고도 한다. 그는 40여 년 동안 정나라를 다스렸는데 외교 수완이 탁월해 강대국인 진초(晉楚) 사이에 끼여 있으면서도 전란의 피해를 예방했다. 그가 죽었을 때 공자가 눈물을 흘렸다고 한다.
50 자우(子羽)는 정나라의 대부 공손휘(公孫揮)의 자식이다.
51 자산(子産)은 정나라의 대부 공손교(公孫僑)의 자식이다.

만들다. 기초하다. 초草 : 대략, 처음으로. 창創 : 창시하다.

* 토討 : 연구하는 것. 론論 : 강론하는 것.
* 행인자우수식지行人子羽修飾之 : 행인인 자우가 그것을 꾸미다. 행인行人 : 사신使臣의 임무를 맡은 벼슬, 즉 외교 업무를 관장하는 관직의 이름. 수식修飾 : 보충하고 삭제하는 것.
* 동리東里 : 자산子産이 거주하던 동네의 이름.
* 윤색潤色 : 문채를 더하는 것, 윤내고 색칠하다.

해영

'외교'는 화목和睦을 기초로 나라 사이에 생기는 온갖 갈등을 완화하기 위해 다른 나라와 '관계 맺는 일'을 의미합니다. 정鄭나라는 작은 나라였지만 큰 나라를 섬기는 데 뛰

어났지요. 지정학적으로 강대국인 진晉나라와 초楚나라에 끼여 있는 관계로 정나라는 외교에 특히 역점을 두었는데, 그들은 교섭을 진행할 때마다 매우 신중하게 접근했습니다.

가령 '비심'이라는 인사는 꾀를 잘 정립하여 규모의 뜻을 세웠습니다. 그런데 의사를 전달하는 과정에서 문제가 생길 수 있어 '세숙'은 널리 들었던 것을 가지고 전고典故를 토론하고 궁구窮究하여 합당함을 찾았습니다. 그러나 글의 뜻이 혹 적합하지 않을까 두려워하여 칼 같은 성품의 '자우'가 나서 너무 번거로운 것은 버리고 간략한 것은 더하였습니다.

하지만 문채文彩가 혹 볼 것이 없을까 두려워하여 '자산'을 통해 윤색하도록 하였지요. 글자와 구절을 새롭게 하는 한편 속된 것을 바꾸어 아담하게 하였습니다. 하나의 외교문서를 만들 때에도 정나라에서는 이처럼 네 사람이 각각 그 장점을 발휘하니 교섭에 실패하는 일이 없었습니다. 옛날의 외교문서작성, 오늘날과 비교해도 손색이 없을 정도입니다.

오늘날의 공직사회로 의론해보겠습니다. 실무자가 기초를 세우면 팀장은 시기에 적절한 정책인지를 따지고, 과장은 매의 눈을 가지고 첨삭지도를 통해 완성도를 높여 갑니다. 이런 과정을 거친 안案은 마침내 국장과 실장을 거치면서 그야말로 '격조 있는 문서'가 됩니다. 공직에서 문서를 중시하는 이유가 여기에 있습니다. '부강의 기초'이기 때문입니다.

상달하달上達下達

논어

공자가 이르기를, "군자는 위로 통달하고, 소인은 아래로 통달한다."(「헌문」)

원문

子曰 君子는 上達하고 小人은 下達이니라

자해

* 달達 : 통달하다.

해역

군자가 선호하는 것은 정신이기 때문에 시간이 경과될수록 위로 통달합니다. 하지만 소인이 추구하는 것은 물질에 더 가깝기 때문에 시간이 경과될수록 아래로 통달합니다. 즉 군자는 학문과 도道를 좋아하여 날이 갈수록 인격이 완성되어 고상해지는 반면, 물질에 밝은 소인은 날이 갈수록 인간성이 허물어지고 타락하여 점점 천박해지는 것입니다. 시대의 리더들이 중시해야 하는 지점입니다. 국격國格을 논할 수 있는 기반이기 때문입니다.

무위이치無爲而治

논어

공자가 이르기를, "인위적으로 하지 않고 다스린 사람은 순임금인가 보다! 무엇을 하였겠는가? 몸을 공손히 하고 남쪽을 향하여 바르게 하였을 뿐이다."(「위령공」)

원문

子曰 無爲而治[52]者는 其舜也與인저 夫何爲哉이요 恭己正南面而已矣니라

---

52 성인(聖人)의 덕에 민중이 감화되어 제어할 필요가 없는 다스림을 뜻한다.

자해

* 무위이치無爲而治 : 인위적으로 하지 않고 다스리다. 위爲 : 작위作爲.
* 기순야여其舜也與 : 아마도 순이리라. 기其 : 아마. 추측을 표시하는 부사. 야여也與 : 기其와 함께 쓰여서 추측을 표시하거나 자신의 생각을 완곡하게 표현하는 어기조사.
* 부하위재夫何爲哉 : 그가 무엇을 하는가. 부夫 : 그, 그 사람. 삼인칭대사. 하위何爲 : 동사와 목적어가 도치된 것.
* 공기정남면이이의恭己正南面而已矣 : 자기를 공손하게 하고 바르게 남면하고 있을 뿐이다. 남면南面 : 임금이 남쪽을 향하여 앉아서 민중을 다스리다. 이이의而已矣 : '~일 뿐이다'라는 뜻의 어기조사.

해영

예로부터 제왕帝王의 통치가 가능했던 사람은 적지 않습니다. 하지만 대개 인위적인 통치였지요. 여기 특이한 사람이 있습니다. 덕德이 대단하여 결코 인위적으로 통치 하지 않았습니다. 바로 순임금입니다. 순임금은 덕이 성했기 때문에 민중이 저절로 감화가 되어 인위가 필요 없었습니다. 또 순임금은 요임금의 덕을 그대로 이어받았을뿐 아니라 당시의 인재들 또한 그대로 이어받아 직분을 맡겼기 때문에 인위가 필요 없었습니다.

이는 정치적 환경에서 벗어나서라도 삶의 구조는 흡사합니다. 가령 선배가 덕으로 사업을 잘 진척시켜 놓았더라도 후배가 무능하거나 덕이 부족하면 사업을 망칠 가능성이 높습니다. 실제로 주변에서 흔히 목격할 수 있는 광경입니다. 때문에 선배의 덕도 중요하지만, 성한 덕을 이어받아 무리 없이 이어가는 것도 어렵긴 마찬가지입니다. 악화가 양화를 구축한다고, 자칫하면 퇴보합니다. 무리수를 두지 않는 다스림이 되어야 하겠습니다.

살신성인

논어

공자가 이르기를, "뜻있는 선비와 인仁한 사람은 자신의 삶을 추구하느라 '인'을 해치지 않고, 몸을 죽여 '인'을 이루는 경우는 있다."(「위령공」)

원문

子曰 志士仁人은 無求生以害仁이요 有殺身以成仁이니라

자해

* 지사志士 : 뜻있는 선비. 인인仁人 : 덕을 이룬 사람.
* 무구생이해인無求生以害仁 : 삶을 구하여 인을 해치는 일이 없다. 이以 : 이而와 같다.

해영

누구나 죽는 것보다는 사는 것을 선호합니다. 하지만 더 중요한 것은 인仁을 실현시키는 일입니다. 가령 선현들이 살아서 인을 온전하게 하지 않으면, 죽을 때 볼 것이 없다고 하였는데, 참으로 음미할 만합니다. 때문에 죽음을 앞두고 있으면서도 구차한 삶을 이어가기 보다는 차라리 몸을 죽여서라도 인을 해치지 않는 것이 더 고귀한 삶이라고 한 것이겠지요. 그러므로 뜻있는 선비는 인에 뜻을 두고, 인과 더불어 관계를 확대해 나가는 것을 낙樂으로 여깁니다.

가령 공직자의 삶 또한 '인'과 연관되지 않은 일이 없습니다. 민중의 불편한 마음을 넓혀주고 채워주는 이른바 확충擴充도 모두가 인한 마음을 보존하고 있기 때문에 기능하는 것이고, 요즘 세상의 화두인 사회복지 수준을 높이는 것도 인한 마음이 담보되어 있기 때문에 가능한 일이지요. 세속에서는 '살신성인'이라는 말을 쉽게 합니다만, 실질적으로 만연되기 위해서는 지도자들이 먼저 인한 행위를 해야 합니다. 민중은 지도자의 그것을 그대로 따르기 때문입니다.

원려遠慮

논어

공자가 이르기를, "사람이 멀리 생각하는 것이 없으면 반드시 가까운 근심이 있다."(「위령공」)

원문

子曰 人無遠慮면 必有近憂니라

자해

* 려慮 : 사려, 생각.

해영

누구나 근심은 있습니다. 정신적인 근심이냐? 물질적인 근심이냐가 관심사일 따름입니다. 맹자는 "군자가 종신토록 하는 근심은 있어도, 하루아침의 걱정은 없다."[53]고 하였습니다. 여기서 평생의 근심이란 천하를 태평하게 한 순임금의 행동을 그대로 따라하는 것을 뜻합니다. 즉 민중을 위해 멀리 생각하는 이른바 원려遠慮가 평생의 근심이자 과제였습니다.

그렇다면 가까운 근심이란 무엇일까요? 바로 물질적 근심을 의미합니다. 어떻게 하면 재물을 취할 수 있을까? 어떻게 하면 남보다 위에 올라갈 수 있을까? 고민의 고민을

53 『맹자』, 「離婁下」: 君子, 有終身之憂, 無一朝之憂也.

거듭하다 보면 저절로 근심이 생길 수밖에 없는 것이지요. 이것이 바로 '가까운 근심'입니다. 이것이 지속되면 결국 가공의 가치를 만들어 내는 수단에 불과함에도 골몰하게 되는 것이지요.

시대의 리더들은 예로부터 군자로 불렸습니다. 민중의 삶에 대해 끊임없이 고민해야 하는 존재인 것입니다. 잠시라도 이 같은 마음을 멀리하면, 가까운 데 근심하는 존재로 떨어질 수밖에 없습니다. 때문에 항상 성찰할 수 있는 힘을 길러야 합니다. 존재의 이유를 상기시켜 멀리 생각하는 훈련이 필요한 것은, 민중의 안위가 그들에게 달려 있기 때문입니다.

군자의 일처리

논어

공자가 이르기를, "군자는 의로써 바탕을 삼고, 예로써 그것을 행하며, 공손함으로써 그것을 표출하며, 믿음으로써 그것을 이루니, 이것이 군자이다."(「위령공」)

원문

子曰 君子는 義以爲質이요 禮以行之하며 孫以出之하며 信以成之하나니 君子哉라

자해

* 의이위질義以爲質 : 의로써 바탕을 삼다. 의이義以 : 강조 효과를 위하여 이의以義를 도치시킨 것.
* 손이출지孫以出之 : 공손함으로써 표출하다. 손이孫以 : 이손以孫이 도치된 것. 손孫 : 손遜과 같다. 지之 : 일반적인 사실, 사물, 사람을 가리키는 인칭대사.

해영

가령 공직자가 공무를 처리함에 있어서 완벽할 수는 없습니다. 하지만 의義를 바탕으로 공무를 수행하면 곧 합당하게 처리할 수 있지요. 또한 일을 처리함에 있어서 마땅히 행해야 할 것이라도 예禮로써 절제를 하면, 무리 없이 민중에 대한 눈높이 행정을 시행할 수 있습니다.

그러나 '예'라는 것은 스스로를 낮추고 공손하게 하는 것을 기본으로 여깁니다. 만일 공손한 뜻이 없으면, 아름다움이 퇴색될 뿐만 아니라 마지못해 하는 것으로 보여

오히려 눈살을 찌푸릴 수도 있기 때문이지요. 예禮를 초지일관 귀함으로 여기는 이유가 여기에 있는 것입니다.

공직자는 모름지기 이런 마음으로 정책을 생산하고 시행해야 민중으로부터 신뢰를 받을 수 있습니다. 신뢰 없인 그 어떤 정책도 껍데기에 불과한 만큼, 늘 정책이 신뢰를 받을 수 있도록 해야 합니다. 의와 예, 공손과 믿음은 공직자의 기본 덕목입니다. 잊지 말아야 하겠습니다.

군자의 병통

논어

공자가 이르기를, "군자는 자기의 무능을 병으로 여기고, 남이 자신을 알아주지 못함을 병으로 여기지 않는다." (「위령공」)

원문

子曰 君子는 病無能焉이요 不病人之不己知也니라

자해

* 무능無能 : 이 말은 '능력이 없다'는 뜻이 아니라, 아직 힘이 능하지 않음을 인식하여 끊임없이 덕德에 나아가고자 노력해야 함을 뜻하는 것이다.

해영

군자의 학문은 기본적으로 민중을 위한 것입니다. 이를 위해서는 먼저 자기 자신을 갈고 닦을 필요가 있습니다. 자기 자신의 도道를 밝힐 수 있어야 남에게도 그 도를 전할 수 있기 때문입니다. 만일 스스로의 도를 제대로 밝히지 못한다면, 이는 전적으로 자신의 무능無能 탓으로 돌리고 스스로의 병통을 타개하기 위해 애를 써야 합니다.

한편, 자기 자신의 도를 밝혀 그것을 민중에게 제대로 전하고 있다면, 이는 그것으로 만족하면 됩니다. 남들이 그것에 대해 알아주지 않는다고 병통으로 삼을 필요는 없는 것이지요. 병통의 원인이 자신이 아닌 남들에게 달려 있기 때문입니다. 이것이 군자의 자세입니다. 군자가 타이틀에 손색이 없도록 평소 내공內功을 쌓는 이유입니다.

오호惡好

논어

공자가 이르기를, "여러 사람이 그를 미워하더라도 반드시 살펴[54]보며, 여러 사람이 그를 좋아하더라도 반드시 살펴보아야 한다."(「위령공」)

원문

子曰 衆惡之라도 必察焉하며 衆好之라도 必察焉이니라

자해

* 찰察 : 세세하고 꼼꼼히 살피는 것을 뜻한다.

해영

사람의 마음이 간사하다보니 곧 잘 휩쓸리는 경향이 있습니다. 이는 정서를 경계한 것이지요. 오직 인仁한 사람이라야, 옳고 그름을 명확히 분변하여 좋아할 수도 미워할 수도 있습니다. 가령 모두가 어떤 사람을 미워한다고 하더라도 반드시 그를 살펴볼 필요가 있습니다. 혹 그의 행동거지는 잘못되었어도 그의 뜻은 그르지 않을 수도 있기 때문입니다.

마찬가지로 모두가 어떤 사람을 좋아한다고 하더라도 반드시 그를 살펴볼 필요가 있습니다. 혹 그의 행동거지가 공변된 것처럼 보일지 몰라도 속마음은 겉과 다르게 성실하지 않을 수도 있고, 또 크게 부풀려져 착각을 불러일으킨 결과일 수도 있기 때문입니다. 그러므로 끊임없이 살피면서도 휩쓸리지 않아야 호불호好不好의 올바름을 얻을 수 있습니다.

가령 공직에서도 사람을 좋아하고 미워하는 정서는 세속과 크게 다르지 않습니다. 그러나 좋아해야 할 사람을 미워하고 미워해야 할 사람을 좋아하면, 공직의 특성상 그 폐해는 적지 않습니다. 이른바 '호불호' 하는 과정에서 '살핌을 게을리 하지 않아야' 하는 이유가 여기에 있는 것이지요. 모두가 사소한 감정에서 비롯되는 만큼, 잘 살펴보아야 하겠습니다.

---

54 살펴보는 데에도 경중이 있다. 가령 시(視)는 육안으로 보이는 것 정도를 살피는 것이고, 관(觀)은 자세히 살피는 것을 의미하며, 찰(察)은 매우 정밀하게 살피는 것을 뜻할 때 쓴다. 검찰(檢察)과 경찰(警察)의 '찰'이 여기서 비롯된 말이다.

소지대수小知大受

논어

공자가 이르기를, "군자는 작은 일에 알 수는 없으나 큰 것을 받을 만하고, 소인은 큰 것을 받을 수는 없으나 작은 일에 알 수는 있는 것이다."(「위령공」)

원문

子曰 君子는 不可小知而可大受也요 小人은 不可大受而可小知也니라

자해

* 소지小知 : 아는 것이 작음. 아는 것이 자질구레함. 대수大受 : 받는 것이 큼.

해영

모름지기 군자는 크게 봐야지, 작게 봐서는 안 된다고 합니다. 가령 군자는 힘쓰는 것이 크고 넓기 때문에 간혹 작은 것을 놓치는 수가 있습니다. 하지만 크게 문제될 것은 없지요. 작은 일에 능숙한 참모들이 있기 때문입니다.

반면 소인은 생각이 사사롭기 때문에 작은 일에는 능하지만, 큰일은 감당하지 못하는 경우가 다반사입니다. 그러므로 큰일은 군자들의 몫이 될 수밖에 없습니다.

문제는 소인적인 사람이 욕심이 발동되어 이른바 높은 자리를 탐내는 경우입니다. 가령 역량은 딱 과장 수준인데, 바라는 것은 실장이나 장관이라면 문제는 달라지지요. 이는 조직의 질서를 훼손함은 물론 자칫 국가의 격까지 떨어뜨릴 수 있다는 점에서 경계하지 않을 수 없는 일입니다. 어떤 자리냐를 논하기에 앞서 자신의 역량이 과연 큰일을 받을 수 있는지를 고민해야[55] 하겠습니다.

세 가지 두려움

논어

공자가 이르기를, "군자는 세 가지 두려워하는 것이 있으니, 천명天命을 두려워하고, 대인을 두려워하며, 성인聖人

---

55 공자는 일찍이 "지위가 없는 것을 근심하지 말고 지위에 설 자격을 근심하며, 자기를 알아주지 않는 것을 근심하지 말고, 알아줄 만한 사람이 되어야 한다고 했다."(『논어』, 「里仁」: 子曰, 不患無位, 患所以立, 不患莫己知, 求爲可知也.)

의 말씀을 두려워한다. 소인은 천명을 알지 못하여 두려워하지 않으므로, 대인을 함부로 대하며, '성인'의 말씀을 업신여긴다."(「계씨」)

원문

孔子曰 君子有三畏하니 畏天命하며 畏大人하며 畏聖人之言이니라 小人은 不知天命而不畏也라 狎大人하며 侮聖人之言이니라

자해

* 외대인畏大人 : 대인을 두려워하다. 대인大人 : 덕망이 있는 훌륭한 인물을 가리키는 경우와 고위 관직에 있는 사람을 가리키는 경우가 있다.

해역

군자는 두려워하는 마음이 셋이라지요. 즉 '천명과 대인과 성인'의 말씀이 그것입니다. 하늘은 사람들에게 바른 이치를 지니고 살기를 기대하며 '천명'을 부여하지만 아무나 따르지는 못합니다. 하지만 '대인'은 그것을 온전히 합니다. '성인'의 말씀 또한 누구나 따르지 못하지만, 군자는

이를 두려워하며 따릅니다. 때문에 '천리'를 보전할 수 있는 것이지요.

반면 소인은 '천명'은 물론 이치 또한 알지 못하기 때문에 두려움 따위를 느끼지 못합니다. 대인은 물론 성인의 말씀도 희롱하지 않으면 다행일 정도로 무시하며 살지요. 때문에 흉한 결과를 맞이하기 쉽습니다. 군자로 불리는 리더들은 민심을 읽어 그들의 '마음을 넓혀주고 채워주어야' 합니다. 그것이 '천명'이고, '천리'를 보전하는 길이기 때문입니다.

권학 勸學

논어

공자가 이르기를, "나면서부터 아는 자가 상등이고, 배워서 아는 자가 그다음이고, 통하지 않음에 배우는 자가 또 그다음이니, 통하지 않음에도 배우지 않으면 민중으로서 하등이 된다."(「계씨」)

원문

孔子曰 生而知之者는 上也요 學而知之者는 次也요 困而學之가 又其次也니 困而不學이면 民斯爲下矣니라

자해

* 생이지지生而知之 : 나면서부터 알다. 이而 : 원래 순접관계를 표시하는 접속사이지만 문맥에 의하여 '~하자마자 곧'이라는 의미를 지닌다. 지之 : 일반적인 사실이나 사물, 사람을 가리키는 인칭대사.
* 학이지지學而知之 : 배워서 알다. 이而 : 원래 순접관계를 표시하는 접속사로 생이지지生而知之의 이而와 같은 성질이지만, 문맥에 의하여 '~해야 비로소'라는 의미를 지닌다.
* 곤困 : 통하지 않는 바가 있음.
* 민사위하의民斯爲下矣 : 민중으로서 하등이 되다. 민民 : 사람, 인간. 사斯 : ~하면 곧. 조건에 따른 결과를 표시하는 접속사.

해영

사람의 기질은 다양합니다. 가령 태어나 특별히 교육을 통하지 않고도 삶의 이치를 터득하는 사람은 상등上等이라

합니다. 그리고 태어나 일정한 교육을 통해 이치를 깨닫는 사람은 그다음이고, 통하지 않아 어쩔 수없이 교육을 통해 깨우침을 터득해 나가는 사람은 그다음이며, 대체 통하지도 않으면서 배우지 않아 전혀 깨우칠 조짐조차 없는 사람은 하등下等이 되는 것이지요. 한 마디로 대책이 없는 유형입니다.

가령 공직자의 기질도 다양하긴 마찬가지입니다. 임용 초기부터 두각을 나타내는 사람을 '상등'이라 한다면, 일정한 소양교육을 통해 공직의 도를 깨우치는 사람은 그다음이라 할 수 있습니다. 그런가 하면 동료나 민중과 소통이 되지 않아 일정한 소양교육을 통해 공직의 도를 터득하는 사람은 그다음이며, 공직의 도는 물론 동료 간에도 전혀 소통이 되지 않아 '곤란함이 하늘을 찌름에도 배우지 않는 사람은 하등'입니다.

공직자는 예로부터 군자로 불렸습니다. 군자는 자기보다 남을 먼저 생각하는 사람입니다. 그러므로 배우는 것을 귀하게 여깁니다. 그렇다면 태어나면서부터 이치를 터득하여 실천하는 '상등'의 인재가 되면 더없이 좋겠지만, 적어도 통하지 않음에도 배우지 않는 '하등'의 공직자는 되지 말아야 할 것입니다. 내공內功을 부지런히 쌓아야 하는 이유입니다. 내공을 쌓아 동료는 물론 민중들과도 유연하게 소통해야 하겠습니다.

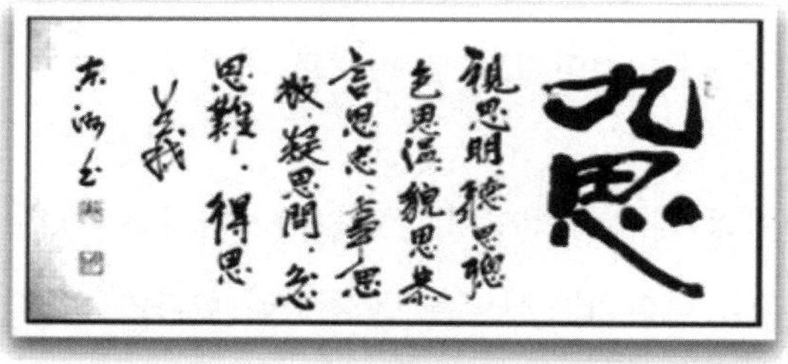

아홉 가지 생각

논어

공자가 이르기를, "군자는 아홉 가지 생각이 있으니, 볼 때는 분명하게 볼 것을 생각하고, 들을 때는 분명하게 들을 것을 생각하고, 얼굴빛은 온화함을 생각하고, 용모는 공손함을 생각하고, 말은 충실함을 생각하고, 일은 경건함을 생각하고, 의심스러울 때는 물을 것을 생각하고, 분할 때는 어려움을 당할 것을 생각하고, 얻을 것을 보면 의로움을 생각한다."(「계씨」)

원문

孔子曰 君子有九思하니 視思明하며 聽思聰하며 色思溫하며 貌思恭하며 言思忠하며 事思敬하며 疑思問하며 忿思難하며 見得思義라

자해

* 의疑 : 의심하다, 정해지지 아니하다. 의義 : 옳다, 바르다.

해영

이른바 군자 노릇하기 쉽지 않습니다. 예컨대 공직자 노릇도 쉽지 않습니다. 그만큼 자기 자신보다는 남을 위한 사람이기 때문일 것입니다. 공직의 도를 명확히 인식하여 공명정대하게 공무를 수행하는 일도 만만치 않지만, 스스로 단속해야 할 것도 적지 않습니다.

볼 때는 분명하게 보고, 들을 때는 분명히 듣고, 얼굴빛은 항상 온화함을 생각하고, 용모는 공손할 것을, 말은 충실할 것을, 일은 경건하게, 의문은 질문을, 분한 일은 후일을 도모할 것, 얻음에 대한 의로운 생각 등 공직자들은 참으로 지켜야할 덕목이 많습니다.

공직자가 배우는 것은 쓸모없는 게 별로 없습니다. 어떤

형태로든 민중들에게 도움이 되기 때문이지요. 그러므로 공직자가 보고 듣고 말하는 모든 것은 각별할 수밖에 없습니다. 사사로운 욕심을 제거하고 끊임없이 민중을 위하는 마음을 유지해야 하겠습니다.

성상근습상원性相近習相遠

논어

공자가 이르기를, "성품은 서로 가까우나 익히는 데 따라 서로 멀어지게 된다."(「양화」)

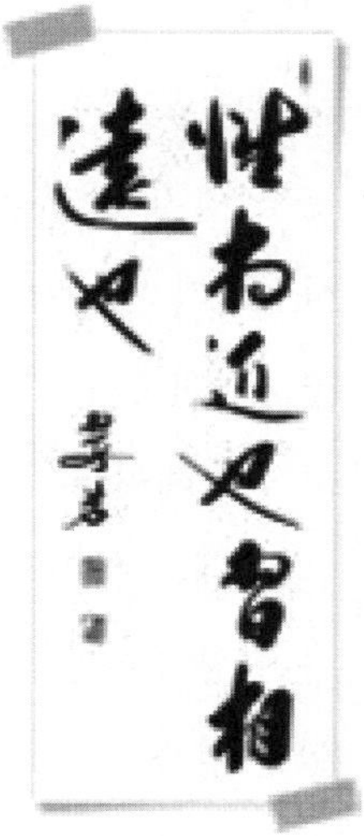

원문

子曰 性相近也나 習相遠也니라

자해

* 성性 : 기질을 겸한 성.
* 습상원야習相遠也 : 익힘에 따라 멀어지다. 습習 : 습관이나 교육 등 후천적인 환경을 가리킨다.

해영

사람은 누구나 하늘로부터 성품을 부여받습니다. 그러나 기질氣質이 어떠냐에 따라 맑고 흐리고 순전純全하고 잡박雜駁함의 차이가 나타납니다. 생후 초기에는 선한 것과 악한 것이 서로 떨어지지 않고 가까이 존재하지만, 생활의 환경에 따라 선하고 악함이 점차 벌어집니다. 그러므로 평소의 생활 태도를 무시할 수 없는 것이지요.

가령 공직도 마찬가지입니다. 임용 초기에는 누구나 공직자로서의 사명감을 지니고 출발하지만, 어떤 이는 시간이 지날수록 민중들에게 필요한 공직자가 되어 가는가 하면, 어떤 사람은 비천하기 짝이 없는, 이른바 '공공의 적'이라는 소리까지 듣는 공직자도 있습니다. 다시 한 번 공직 환경을 둘러보고 절제하는 미덕을 발휘할 때입니다.

상지하우上知下愚

논어

공자가 이르기를, "오직 가장 지혜로운 사람과 가장 어리석은 사람은 변하지 않는다."(「양화」)

원문

子曰 唯上知與下愚는 不移니라

자해

* 상지上知 : 가장 지혜로운 사람. 하우下愚 : 가장 어리석은 사람. 불이不移 : 자신의 생각을 바꾸지 못함.

해역

가끔 사람의 기질을 논할 때가 있습니다. 공자는 "성품은 서로 가까우나 익히는 데 따라 서로 멀어지게 된다."[56] 고 했지요. 여기서 익힘에 따라 상등과 하등으로 나누기도 합니다. 상등의 사람은 기운이 맑고 바탕 또한 정결하여 지혜로운 사람이라고 하며, 반대로 하등의 사람은 기운이 흐리멍덩하고 바탕 또한 잡되어 어리석은 사람으로 규정합니다. 이 두 종류의 사람은 성품이 일정하여 서로 교차될 수 없는 것이 특징입니다.

이러한 양극단의 부류와는 달리 중등 정도의 사람도 존재합니다. 선하게 살 수도 있고, 악하게도 살 수 있는 부류의 사람이지요. 이런 사람은 교육을 통해 그 기질을 선한 쪽으로 바꿀 수 있는 게 특징 가운데 하나입니다. 문제는 사람이라고 규정하기 어려운 사람입니다. 이런 사람은 성품이 사나울 뿐만 아니라 선한 것을 아무리 일러주어도 배척하기 일쑤죠. 이런 사람은 성인聖人과 함께 있어도 교화敎化[57]되기 어렵습니다.

지도자는 예로부터 군자로 불렸습니다. 따라서 지혜롭게 행동하지 않으면 비난을 면하지 못합니다. 그러므로 지도자는 지혜를 기초로 중간 부류의 사람들을 선하게 이끌 의무가 있습니다. 이를 위해서는 끊임없이 중등의 사람들을 찾아내는 상지上智가 필요합니다. 물론 그러한 '상지'를 기르는 데에는 내공內功만한 게 없습니다. 내공이 넘쳐야 중간 부류의 사람들만이라도 자연스럽게 선한 쪽으로 이끌 수 있기 때문입니다.

---

56 『논어』, 「陽貨」 : 子曰, 性相近也, 習相遠也.

57 교화(敎化)란 인간을 가르쳐 감화시키는 작업을 말한다. 예컨대 학업을 통하여 사람을 가르치는 것을 교(敎)라면, 행동으로 이를 실천하여 모범을 보임으로써 사람다움을 권장하는 것을 화(化)라 한다. 따라서 '교화'란 이론과 실천이 병행되어야 가능하며, 교육보다 질적으로 고양된 고차원의 인간화 작업으로 지행일치의 경지에서만 가능하다. "교화가 널리 펴지고 마음속에 깊이 스며들어 민중이 화목하게 되었다"는 『한서』, 「예문지」의 구절이 말해 주듯이, 교화는 지식의 전달이 아니라 인간의 도리를 가르쳐 상호 존중의 사회를 만드는 과정이기 때문에 일방통행이 될 수 없다. 반드시 가르치는 주체의 모범적 행동이 요구되고 따라서 배우는 사람이 대상을 존경해야만 가능하므로 쌍방 간의 공감대와 합의가 필요하다.(김해영, 『철학자, 정조의 효치를 분석하다』, 안티쿠스, 2012, 287쪽.)

육언육폐六言六蔽

논어

공자가 이르기를, "유야! 너는 육언六言과 육폐六蔽를 들어보았느냐?" 자로가 답하였다. "아직 듣지 못하였습니다." 공자가 이르기를, "앉아라. 내가 너에게 말해 주겠다. '인'만 좋아하고 배우기를 좋아하지 않으면 그 폐단은 어리석게 되고, 지혜만 좋아하고 배우기를 좋아하지 않으면 그 폐단은 지나치게 호탕하게 되고, 믿음만 좋아하고 배우기를 좋아하지 않으면 그 폐단은 해치게 되고, 정직한 것만 좋아하고 배우기를 좋아하지 않으면 그 폐단은 급하게 되고, 용맹만 좋아하고 배우기를 좋아하지 않으면 그 폐단은 어지럽게 되고, 강한 것만 좋아하고 배우기를 좋아하지 않으면 그 폐단은 경솔하게 된다."(「양화」)

원문

子曰 由也아 女聞六言六蔽矣乎아 對曰 未也로이다 居하라 吾語女호리라 好仁不好學이면 其蔽也愚요 好知不好學이면 其蔽也蕩이요 好信不好學이면 其蔽也賊이요 好直不好學이면 其蔽也絞요 好勇不好

學이면 其蔽也亂이요 好剛不好學이면 其蔽也狂이니라

자해

* 여문육언육폐의호女聞六言六蔽矣乎 : 너는 여섯 마디의 말과 여섯 가지의 폐단을 들었는가. 여女 : 너. 2인칭대사. 여汝와 같다. 육언六言 : 여섯 가지 덕목. 의矣 : 동작이 이미 완료되었음을 표시하는 어기조사.
* 거居 : 앉음.
* 오어여吾語女 : 내가 너에게 말하다. 어語 : ~에게 ~을 말하다.
* 호인불호학好仁不好學 : '인'만 좋아하고 배우기를 좋아하지 않다.
* 기폐야우其蔽也愚 : 그 폐단은 어리석게 되다. 폐蔽 : 폐단, 폐弊와 같다. 야也 : 음절을 조정하고 어기를 고르는 어기조사. 우愚 : 속임을 당할 만함.
* 탕蕩 : 높고 넓은 곳을 탐구하면서 그치지 못함.
* 적賊 : 상대를 해롭게 함.
* 교絞 : 급함. 꼬임.

해영

배우기를 좋아하면서도 그 덕을 이루지 못하면 곧 폐단이 되고 맙니다. 선善함이 선함으로 남기 위해서는 그 까닭을 알아야 합니다. 까닭을 알지 못하면 이 또한 폐단이 됩니다. 가령 인仁이라는 말이 좋긴 하지만, 배워서 이치를 밝히지 못하면 완전한 인이 되지 못할뿐 아니라 오히려 폐인이 될 뿐이고, 지혜라는 말도 좋기는 하지만, 그 이치를 밝히지 못하면 허울만 남게 될 가능성이 높습니다. 믿음도 마찬가지지요. 그 이치를 밝혀야 하고, 곧음도, 용맹도, 군셈도 모두 그 이치를 밝히지 못하면 폐단이 될 뿐입니다.

가령 최근의 공직사회에서는 '폐단이 쌓여 있다'는 이른바 적폐積弊를 청산하겠다는 말들을 자주 합니다. 단언컨대 적폐가 만들어진 까닭을 밝혀 그것을 해소시키지 못하는 한, 적폐청산은 수포로 돌아갈 수밖에 없습니다. 다시 말해 적폐가 발생하게 된 원인을 명확하게 인식하여 제거하지 않는 한, 공허한 메아리로 머물 수밖에 없는 것입니다. 공허에서 실질로 변화시키기 위해서는 공직자들이 일치된 마음으로 적폐의 원인과 까닭을 밝혀 일소一掃하는 일입니다. 적폐가 공직자들의 자세와 무관하지 않기 때문입니다.

향원鄕原

논어

공자가 이르기를, "향원[58]은 덕德의 적이다."(「양화」)

원문

子曰 鄕原은 德之賊也니라

자해

* 향鄕 : 비루하고 속됨. 원原 : 원愿과 같으며 삼가는 뜻이다.

해영

공자는 향원[59]에 관해 논하면서, 향원이 내 문 앞을 지

58 매사에 옳고 그름을 분명하게 따지지 않고 세속에 맞춰 두루뭉술하게 살아감으로써 온 고을 사람들의 칭송을 받는 사람을 일컫는다. 뚜렷한 가치관이 없고 삶의 태도가 진지하지 않아 일반적으로 위선자라는 의미를 내포하고 있다.

59 향원(鄕原)에 관한 여러 해석이 있지만, 맹자의 해석이 설득력이 있다. 만장이 말하길, "한 지방이 모두 어진 사람이라고 부른다면 가는 곳마다 어진 사람이 될 터인데 공자가 '덕을 해치는 사람'이라고 여긴 것은 어째서입니까?" 맹자가 이르기를, "비난하려고 들면 들어서 말할 것이 없고, 풍자하려고 들면 풍자할 것이 없으며, 흘러가는 시속에 동화되고 더러운 세상에 부합하며, 위인은 충직

나면서 내 집을 들어오지 않더라도 유감으로 여기지 않을 자는 오직 향원일 것[60]이라고 언급한 바 있습니다. 그만큼 향원에 대한 비판의 강도는 컸습니다. 덕을 해친 사람이었기 때문이지요. 이는 쉽게 얘기하면 자신의 덕을 펼치기 위해서는 자신이 지니고 있는 만큼, 그 자리에서 베풀면 된다는 지극히 간단한 덕의 원리를 논한 것입니다. 즉 남의 덕을 내 덕으로 포장해서는 곤란하다는 것이지요.

안타까운 일이지만 공직의 예를 가지고 논해보겠습니다. 특정한 부서를 열거하지 않더라도 열과 성을 다해 생산해 낸 부하나 동료직원들의 업적을 부서장이란 이름으로 업적을 가로채는 행위들이 종종 보고되고 있습니다. 바로 이 같은 경우가 향원과 같은 사람들이라 할 수 있을 것입니다. 말로 표현하기 어려울 만큼, 갈등의 연속에서 구축한 성과물을 부서장이란 이름으로 과실을 챙기는 사람들이야 말로 오늘날 공직사회에서의 향원인 것입니다.

한 듯하고 행동은 청렴결백한 듯하여 여러 사람들이 다 그를 좋아하고 자신도 옳다고 여기지만 요순(堯舜)의 도(道)에는 들어갈 수 없기 때문에 '덕을 해치는 사람'이라고 한 것이다."(『맹자』, 「盡心下」: 萬章曰, 一鄕, 皆稱原人焉, 無所往而不爲原人, 孔子以爲德之賊, 何哉. 曰, 非之無擧也, 刺之無刺也, 同乎流俗, 合乎汙世, 居之似忠信, 行之似廉潔, 衆皆悅之, 自以爲是而不可與入堯舜之道, 故曰, 德之賊也.)

60 『맹자』, 「盡心下」: 孔子曰, 過我門而不入我室, 我不憾焉者, 其惟鄕原乎.

사실 향원을 잘 모르는 사람들은 그들을 좋은 사람으로 평가하기도 합니다. 법 없이도 살 수 있는, 그야말로 평판이 좋은 사람으로 여기지요. 그러나 이들로부터 사회가 변화하지 않는다는 데 문제가 있습니다. 아니 이들 때문에 오히려 사회의 악이 더디게 개선된다는 점에서 문제가 아닐 수 없는 것이지요. 소수에게는 도움이 될지 모르나, 다수에게 특히 사회적 약자를 위해 존재한다는 공직 본연의 입장에서 보면 반드시 개혁의 대상인 것입니다.

공직자는 군자입니다. 모두가 자신의 밝은 덕을 민중에게 펼치기 위해 존재하는 사람입니다. 그런 의미에서 덕을 해치는 사람이 되어서는 곤란합니다. 자신의 입장에서 펼칠 수 있는 만큼, 그 역량을 발휘하면 그만이지요. 무리수를 두어가며 덕을 쌓는 것은 허덕虛德이기 때문입니다. 따라서 밝은 덕을 펼치기 위해 끊임없이 수련이 필요합니다. 수련의 내공이 생겨야, 흐리멍덩한 덕이 아닌 '밝은 덕'을 민중들에게 지속적으로 펼칠 수 있습니다.

여자와 소인

논어

공자가 이르기를, "오직 여자와 소인은 다루기 어려우니, 가까이 하면 불손해지고 멀리하면 원망한다."(「양화」)

원문

子曰 唯女子與小人이 爲難養也니 近之則不孫하고 遠之則怨이니라

자해

* 위난양야爲難養也 : 다루기 어렵다. 위爲 : '~이다'라는 뜻의 동사. 뒤에 오는 형용사와 결합하여 '~하다'라는 뜻의 술어를 이룬다. 난難 : '어렵다'라는 뜻의 형용사로 뒤에 동사를 동반하여 '~하기 어렵다'라는 뜻을 이루는 특수한 기능을 가지고 있다. 양養 : 다루다, 다스리다.

해영

공자라는 '사상가'가 요즘 사람들에게 쉽게 다가서지 못하게 하는 부분이 있다면, 바로 이런 대목 때문일 것입니

다. 특히 여성들이 심하게 부정하는 지점이지요. 그러나 이는 '공자의 본의'를 제대로 짚지 못해 일어난 단순 오해에서 비롯된 것에 불과합니다.

공자는, 여자女子가 되기보다는 숙녀淑女가 될 것을 권하고, 소인小人보다는 끊임없이 노력해서 기필코 군자君子가 될 것을 권합니다. '숙녀와 군자'가 '정신적으로 통달한 사람'이라면, '여자와 소인'은 '물질적으로 통달한 사람'을 가리키기 때문입니다.

숙녀와 군자의 타이틀은 고상함 그 자체입니다. 시간이 지날수록 위로 통달[61]합니다. 즉 학문과 도를 좋아하여 날이 갈수록 인격이 완성되는 것이지요. 날이 갈수록 인간성이 허물어지고 타락하여 점차 천박해지는 여자와 소인과는 차원이 다른 것입니다.

61 『논어』, 「憲問」: 君子上達, 小人下達.

불혹不惑

논어

공자가 이르기를, "나이가 마흔이 되어서도 미움을 받으면 그대로 끝이다."(「양화」)

원문

子曰 年四十而見惡焉이면 其終也已니라

자해

* 견오언見惡焉 : 미워함을 당하다. 미움을 받는다. 견見 : 동사 앞에 놓여서 피동을 표시한다. 언焉 : 음절을 조정하고 어기를 고르는 어기조사.
* 기종야이其終也已 : 아마도거기서 끝날 것이다. 기其 : 아마. 추측을 표시하는 부사. 종終 : 끝나다. 더 이상 가망이 없다는 의미. 야이也已 : 단정적인 어기를 표시하는 어기조사.

해영

일반 사람도 나이 마흔이 되면 '삶의 도'가 생깁니다. 하물며 군자로 불리는 지도자는 어떠하겠습니까? 당연히 '지도자 도'가 쑥쑥 성장할 때입니다. 그럼에도 불혹不惑이 되어서도 '지도자의 도'는커녕 배움의 열의 또한 없다면, 그러한 사람에게는 더 이상 볼 것이 없을 것입니다. 위민爲民 운운할 것도 없습니다. 즉시 하산하여 소인으로 살아가는 게 자신은 물론 민중들에게도 도움이 될 것입니다.

동일한 인

논어

미자[62]는 떠나가고 기자[63]는 종이 되고 비간[64]은 간하다가 죽었다. 공자가 이르기를, "은나라에 세 '인'한 사

---

62 미자(微子)는 은나라 마지막 임금인 주왕(紂王)의 형이다. 그의 모친이 아직 제을(帝乙)의 첩일 때 그를 낳았고, 그 뒤 본처가 되고 나서 주왕을 낳았기 때문에 비록 동생이지만 주왕이 왕위를 계승했다. 그는 주왕의 무도한 짓을 목격하고 여러 차례 간했으나 소용이 없자, 주(周)나라로 떠났다. 은나라가 망한 후 주나라 무왕(武王)에 의하여 송(宋)나라의 제후로 봉해졌다.

63 기자(箕子)는 주왕의 숙부로 그의 무도함을 보고 여러 차례 간했으나 주왕은 듣지 않고 오히려 기자를 가두었다. 이에 기자가 머리를 풀어헤치고 미치광이 행세를 하면서 종이 되었다.

64 비간(比干) 역시 주왕의 숙부였으나 그의 무도함을 목격하자 끝까지 간언하다가 피살되었다. 주왕은 계속 간하는 숙부 비간을 향해 "성인의 심장에는 구멍이 일곱 개나 된다."라고 하면서 그의 심장을 도려내어 죽였다.

람이 있었다."(「미자」)

원문

微子는 去之하고 箕子는 爲之奴하고 比干은 諫而死하니라 孔子曰 殷有三仁焉하니라

자해

* 미자거지微子去之 : 미자가 그를 떠났다. 미微 : 나라이름. 자子 : 작위. 지之 : 주왕紂王을 가리키는 인칭대사.
* 기자위지노箕子爲之奴 : 기자가 그의 종이 되다. 지之 : 주왕紂王을 가리키는 인칭대사로 관형어로 쓰였다. 기箕 : 나라이름. 자子 : 작위.

해영

옛날 은殷나라의 마지막 왕인 주紂가 정치를 제대로 하지 않자, '미자'는 바로잡을 것을 자주 권했습니다. 그러나 듣지 않자 떠나버렸지요. '기자'는 주왕이 음란하고 방탕하자 이에 대한 문제제기를 하다가 구속되었습니다. 그러자 기자는 머리털을 풀어헤치고 미친 척하며 종이 되었지요. '비간' 또한 정치를 올바로 하기를 권하다가 마침내 죽

임을 당하였습니다. 이 세 사람은 모두가 주왕의 종친이자 신하들인데, 떠나거나 종이 되거나 죽임을 당한 것이지요.

세 사람 모두 행동거지에 따라 운명이 갈렸습니다. 그러나 그들의 행적은 서로 달랐지만 그 뿌리를 보면 다르지 않다고 할 수 있습니다. 왕의 올바른 정치를 기대했고, 나라 사랑하는 마음이 다르지 않았기 때문이지요. 미자가 떠난 것은 자기로 하여금 주왕이 정신 차리기를 기대한 것이고, 종이 된 기자 또한 주왕이 바로 서기를 기대했으며, 죽임을 당한 비간은 자기 몸을 죽여 주왕을 깨닫게 하기 위함이었습니다. 모두가 충성하는 마음에서 비롯된 것입니다.

지도자들이 민중을 위하는 이른바 '인한 마음'으로 움직이는 것은 모두가 같습니다. 민중을 위하고 나라를 사랑하는 마음은 크게 다르지 않지만, 방법에 따라 상호 갈등할 때가 있는 것이지요. 부자지간의 갈등은 자식이 부모를 위하는 마음이 먼저이지만, 지도층에서는 윗사람이 아랫사람의 마음을 다독이는 게 먼저입니다. 이러한 특유의 정서를 인식하여 지도자 상호간의 갈등을 이해하고 조정하는 데에도 남다른 수련이 필요합니다. 인한 정치를 위함입니다.

초탈하지 않는 삶

논어

초탈超脫한 사람은 '백이'와 '숙제'와 '우중'과 '이일'과 '주장'과 '유하혜'와 '소련'이었다. 공자가 이르기를, "그 뜻을 굽히지 않고 그 몸을 욕되게 하지 않는 자는 백이와 숙제이다." 유하혜와 소련을 평하여 이르기를, "뜻을 굽히고 몸을 욕되게 하였으나, 말이 윤리에 맞으며 행실이 생각에 맞았으니 이런 점일 뿐이다." 우중과 이일을 평하여 이르기를, "숨어 살면서 말을 함부로 하였으나, 몸은 깨끗함에 맞았고 벼슬을 하지 않은 것도 권도에 맞았다. 나는 이와 달라서 할 만한 것도 없고 할 만하지 않은 것도 없다."(「미자」)

원문

逸民은 伯夷와 叔齊와 虞仲과 夷逸과 朱張과 柳下惠와 少連이니라 子曰 不降其志하며 不辱其身은 伯夷叔齊與인저 謂柳下惠少連하대 降志辱身矣나 言中倫하며 行中慮하니 其斯而已矣니라 謂虞仲夷逸하대 隱居放言하나 身中淸하며 廢中權이니라 我則異於是하여 無可無不可호라

자해

* 일민逸民 : 세속을 초월한 사람. 일逸 : 벼슬길에서 빠져 있음. 민民 : 지위가 없는 사람의 칭호.
* 우중虞仲 : 태백泰伯의 동생인 중옹仲雍으로 그의 자손이 오왕吳王에 봉해졌기 때문에 우중虞仲이라고 불렀다는 설이 있으나 확실치 않다.
* 이일夷逸, 주장朱張 : 행적 미상.
* 유하혜柳下惠 : 춘추시대 노魯나라의 현자賢者였던 그는 유하柳下에서 살았다고 하여 호號가 되었으며, 성은 전展, 이름은 획獲, 자는 금禽이다. 문인들이 혜惠라는 시호를 올려 유하혜로 불렀다. 모든 것을 자신의 덕으로 화합하고자 하면서도 직도直道를 지켜 임금을 섬긴 것으로 유명하다. 맹자孟子는 그를 일러 성인聖人 중의 화和한 사람이라고 평했다.
* 소련少連 : 동이東夷의 자손으로 부모가 돌아가셨을 때, 거상居喪을 잘했다고 하여 공자가 칭송한바 있다.[65]
* 위謂 : 평하다, 말하다. 강지降志 : 뜻을 낮추다, 뜻을 굽히다. 언중륜言中倫 : 말이 윤리에 맞다. 행중려行中慮 : 행동

---

65 『예기(禮記)』, 「雜記下」.

이(다른 사람의) 생각에 부합하다.

* 기사이이의其斯而已矣 : 아마 이러했을 것이다. 기其 : 아마, 추측을 표시하는 부사. 사斯 : 언중륜言中倫, 행중려行中慮를 가리키는 지시대사. 이이의而已矣 : '~일 뿐이다'라는 뜻의 어기조사.
* 신중청身中淸 : 몸이 깨끗함에 맞다. 폐중권廢中權 : 벼슬을 그만둠이 권도에 맞다.
* 아즉이어시我則異於是 : 나로 말할 것 같으면 이들과 다르다. 즉則 : ~로 말하자면, ~로 말할 것 같으면, ~는. 두 가지 또는 여러 가지 사실의 대비 관계를 표시하는 접속사. 시是 : 앞에서 이야기한 은자들을 가리키는 지시대사.

해영

조선시대 선현들의 도道로 의론해보겠습니다. 민중을 위하고 나라를 사랑하는 마음은 모두가 같았지만 그 방법은 다양했습니다. 크게 세 가지의 형태66로 나눠볼 수 있습니다. 우선 '수양철학修養哲學 노선'입니다. 인간의 내면 수양을 통하여 하늘과 하나(하늘 = 인간)가 되고자 합니다. 주로 인성론을 논제로 삼은 경敬 중심의 철학노선을 취하는데, 대표적인 학자로는 권근(權近 : 1352~1409)과 이언적(李彦迪 :

1491~1553), 이황(李滉 : 1501~1570) 등이 있습니다. 이 노선에서는 수양을 강조하고, 수양한 후에 실천하자는 논리를 내세우기 때문에 실천이 약화되는 면을 보이는 것이 특징입니다.

두 번째는 '정치철학政治哲學 노선'입니다. 이는 하늘의 이상理想이 현실 사회에서 이루어져야 한다(천리 = 인사 : 天理=人事)는 지치주의至治主義[67]의 정치철학을 의미합니다. 가령 세상이 혼란하여 도道가 사라졌다면, 천하를 내 몸과 같이 생각하여 현실 정치를 통해 '도'가 회귀되도록 바꿔가야 한다는 노선입니다. 여기에 긍정하는 대표적인 학자로는 조광조(趙光祖 : 1482~1519)와 이이(李珥 : 1536~1584), 송시열(宋時烈 : 1607~1689) 등이 있습니다. 이들 노선에서는 이

---

66 김해영, 『지금은, 정조를 읽어야 할 시간』, 안티쿠스, 2013, 189쪽.

67 지치(至治)라는 말은 본래 『서경』, 「군진(君陳)」에 나오는 말로 "잘 다스려진 세상은 향기로워서 신명에게까지 감동시킨다."는 구절에서 유래하였다. 한국 성리학의 특징이 담겨있는 사상이라고 하여 왕도정치(王道政治)와 구별하여 지치주의라 일컫는다.(김해영, 『지금은, 정조를 읽어야 할 시간』, 안티쿠스, 2013, 160쪽.) 지치주의(至治主義)가 왕도정치(王道政治)와 다른 점은 융평사상(隆平思想)에 있다. '융평사상'이란 인간사회를 현재의 상태에서 평안히 하는 것이 아니라 이상적인 상태, 즉 융(隆)의 상태로 끌어 올려 평안히 한다는 뜻이다. 이것은 한국철학사상의 기본 특징이 드러난 것으로 하늘의 이치가 땅에서도 실현되어야 한다는 이른바 '천인무간(天人無間)'사상을 근거로 하고 있다.(김해영, 『지금은, 정조를 읽어야 할 시간』, 안티쿠스, 2013, 165~166쪽.)

른바 수양이 부족하다 하더라도 실천하는 과정에서 수양하자는 논리로, 실천을 더욱 강조하는 것이 특징이라 하겠습니다.

마지막으로 '초탈원융철학超脫圓融哲學 노선'입니다. 이는 앞의 두 노선이 인간이 가진 '사회적 속성을 중심 문제'로 삼았다면, 이 노선을 택한 서경덕(徐敬德 : 1489~1546)과 조식(曺植 : 1501~1572), 김정희(金正喜 : 1786~1856) 등의 학자들은 인간이 가진 '자연적 속성을 중심문제'로 삼아 자연과 우주를 연구하면서 그 우주(선천과 후천)와 하나(자연 · 하늘 = 인간)가 되어 물아일체物我一體를 이루고자 한 것이 특징입니다. 이러한 다양한 노선을 이해하고 실천하는 데에도 내공內功이 필요함은 말할 것도 없습니다. 내공이 쌓여야 다양한 민중의 정서를 무탈하게 아우를 수 있기 때문입니다.

선비의 절개

논어

자장이 이르기를, "선비가 위태로움을 보면 생명을 바치고,

이득을 보면 의義를 생각하며, 제사에 공경을 생각하며, 상사喪事에 슬픔을 생각한다면 괜찮을 것이다."(「자장」)

원문

子張이 曰 士見危致命하고 見得思義하며 祭思敬하며 喪思哀면 其可已矣니라

자해

* 기가이의其可已矣 : 괜찮을 것이다. 기其 : 아마, 추측을 표시하는 부사. 이의已矣 : 새로운 상황이 발생했거나 그럴 가능성이 있음을 표시하는 어기조사로 단정적인 어기를 표시한다.

해영

선비가 선비 역할을 제대로 하려면 그 이름에 부합하는 행위를 할 때 귀하게 여김을 받습니다. 가령 세상을 이끌어 가는 지도자나 자신의 부모가 위태로움에 빠져 있을 때는 구차하게 목숨을 아끼지 않아야 하며, 얻는 것을 보았을 때는 의義로써 마땅한지를 생각해 보아야 합니다. 또 먼 조상의 제사에 임하여서는 안팎으로 정성과 예를 다하고 있는

지를 생각하고, 장사葬事지낼 때에는 애도하는 마음으로 정성을 다하고 있는지를 생각해 보아야 합니다. 선비는 큰 절개를 세운, 세속의 북극성과 같은 존재이기 때문입니다.

공직자로 의론해보겠습니다. 위태로움에 목숨을 아끼지 않는 현상은 소방이나 경찰에서 흔히 찾아볼 수 있고, 이로움을 보면 의義를 아끼지 않는 현상은 잃어버린 재물을 찾아주는 공직자들에게서 볼 수 있습니다. 또 제사에 공경을 아끼지 않는 현상은 현충일 즈음에 볼 수 있으며, 상사喪事에 슬픔을 아끼지 않는 현상은 이른바 '세월호 참사'와 같은 곳에서 확인할 수 있습니다. 모두가 민중의 마음을 아우르는 현상들입니다. 공직자들이 의연하게 중심을 잡아야 하는 이유가 여기에 있습니다. '선비'이기 때문입니다.

기술자와 군자의 도

논어

자하가 이르기를, "모든 기술자들은 공장에 있으면서 그 일을 이루고, 군자는 배워서 그 도道를 이룬다."(「자장」)

원문

子夏曰 百工이 居肆하여 以成其事하고 君子는 學하여 以致其道니라

자해

* 거사居肆 : 작업장을 지키고 있다. 작업장을 떠나지 않고 꾸준히 가지 일에 정진함을 말한다. 거居 : 꾸준히 한 곳에 머물다. 사肆 : 옛날에 기술자가 스스로 물건을 만들기도 하고 팔기도 하던 작업장 겸 가게. 관부에서 물건을 제조하는 곳이기도 하다.
* 치致 : 지극히 함.

해영

어디에서든 사력死力을 다하면 얻는 것이 있기 마련입니다. 농산물이든 공산품이든 열과 성을 다하면 결과물은 당연한 것이지요. 하지만 일을 할 때 기술자들이 좋은 아이디어와 생산기술력을 융합하면 결과는 배가 되고도 남습니다. 기술자들의 아이디어 하나가 때로 수많은 사람들의 생계를 책임질 수도 있을 만큼 그 영향력은 지대합니다. 하물며 시대의 리더로 자처하는 지도자는 어떠해야 하겠습니까? 끊임없이 민중의 마음을 위로하는 한편, 그들이 깨우침을 얻을 수 있도록 늘 가르치는데 힘써야 하겠습니다.

요·순·우의 도

논어

요임금이 이르기를, "아! 너 순舜아, 하늘의 운수가 너의 몸에 있으니, 진실로 그 중中을 잡아라. 사해가 곤궁하면 하늘의 복록이 영원히 끊어질 것이다." 순임금도 이 말로 우임금에게 명하였다. 탕임금이 이르기를, "나 소자 이履는 감히 검은 희생을 써서 감히 크나 큰 상제께 아뢰니다. 죄 있는 사람을 감히 용서하지 않으며 상제의 신하를 감히 가리지 않으니, 선택은 상제의 마음에 달려 있습니다. 내 몸에 죄가 있는 것은 만방 때문이 아니고, 만방에 죄가 있는 것은 그 죄가 내 몸에 있습니다."(「요왈」)

원문

堯曰 咨爾舜아 天之曆數在爾躬하니 允執其中하라 四海困窮하면 天祿이 永終하리라 舜이 亦以命禹하니라 曰 予小子履는 敢用玄牡하여 敢昭告于皇皇后帝하노니 有罪를 不敢赦하며 帝臣不蔽하여 簡在帝心이니다 朕躬有罪는 無以萬方이요 萬方有罪는 罪在朕躬하니라

자해

* 자咨 : 아. 탄식하는 소리. 감탄사.
* 윤집기중允執其中 : 진실로 그 중을 잡다. 윤允 : 진실로.
* 천록天祿 : 하늘이 내리는 복록. 여기서는 임금의 자리를 가리킨다.
* 순역이명우舜亦以命禹 : 순임금도 (이것을) 우임금에게 명하

다. 이以 : 다음에 목적어로서 천지역수~천록영종天之曆數~天祿永終을 가리키는 인칭대사가 생략되어 있다.

* 여소자이予小子履 : 나 어린아이 이履. 여소자予小子 : 상고시대에 제왕이 자신을 겸허하게 일컫던 상투어. 이履 : 상나라, 즉 은나라를 세운 탕임금의 이름.
* 현모玄牡 : 검은색의 수소. 소고昭告 : 분명하게 말하다. 후제后帝 : 천제, 하느님.
* 제신불폐帝臣不蔽 : 하느님의 신하를 은폐하지 않다. 인재를 버려두지 않고 적재적소에 잘 등용한다는 뜻. 제신帝臣 : 어질고 능력 있는 모든 인재를 가리킨다.
* 간簡 : 가리다. 간택하다. 짐朕 : 나, 짐. 1인칭대사로 본래 아무나 쓸 수 있었으나, 진시황 이후 황제의 자칭으로만 쓰였다.
* 무이만방無以萬方 : 만방에 기인하지 않다. 그러니 만방의 민중에게 고통을 주지 말라는 뜻. 무無 : 불不과 같다. 이以 : 인因과 같다.

해역

흔히 화평한 세상을 논할 때 요순시대堯舜時代를 드는 경향이 있습니다. 요순이 임금 노릇할 때, 그만큼 평화로웠다는 말일 것입니다. 하지만 요순시대가 도래하기 전, 혼란의 혼란이 점철된 역사와 시대가 있었음을 사람들은 잘 모릅니다. 겨우 요순시대에 당도하여 혼란함을 잠재움으로서 평화를 맛볼 수 있었던 것을 사람들은 짐작조차 못하는 것이지요.

가령 독재체제를 물리치고 하늘의 도, 즉 중용적 도를 통한 다스림의 결과를 모르는 것과 같은 것이지요. 지도자들이 여기서 타산지석으로 삼을 수 있는 부분은, 옛날 요임금이 순임금에게, 순임금이 우임금에게 자리를 선양[68] 할 때 공통적으로 경계 삼도록 한 것처럼, 잘되면 민중의 덕으로, 못되면 자신의 탓으로 돌리면서 민중을 위해 헌신하라는 얘기입니다.

지도자들이 중용적 마음을 지니고 끊임없이 민중을 위한 정책을 생산하고 집행하면 결국 민중은 지도자들의 마음을 믿고 의지할 것입니다. 신뢰가 신뢰를 낳다 보면 세

---

68 선양(禪讓)은 유가(儒家)의 이상적 정권교체를 가리키는 말이다. 천자(天子)가 제위(帝位)를 유덕자, 즉 덕(德)이 있는 사람에게 양보하는 것으로 방벌(放伐)에 대비되는 말이다. 대표적으로 요임금과 순임금, 우임금 사이에 행해진 정권이양을 가리키는데, 천자의 지위는 성덕(聖德)이 있는 사람에게만 양도하고, 덕이 있는 사람만이 그것을 받을 수 있는 유가 정치이론의 모범을 의미한다.

상에서 말하는 요순시절도 당도하리라 믿습니다. 요순과 같은 사회를 만들기 위해서는 쉼없이 내공內功을 필요로 합니다. 내공이 쌓여야 민중이나 지도자의 구분이 없어지기 때문입니다.

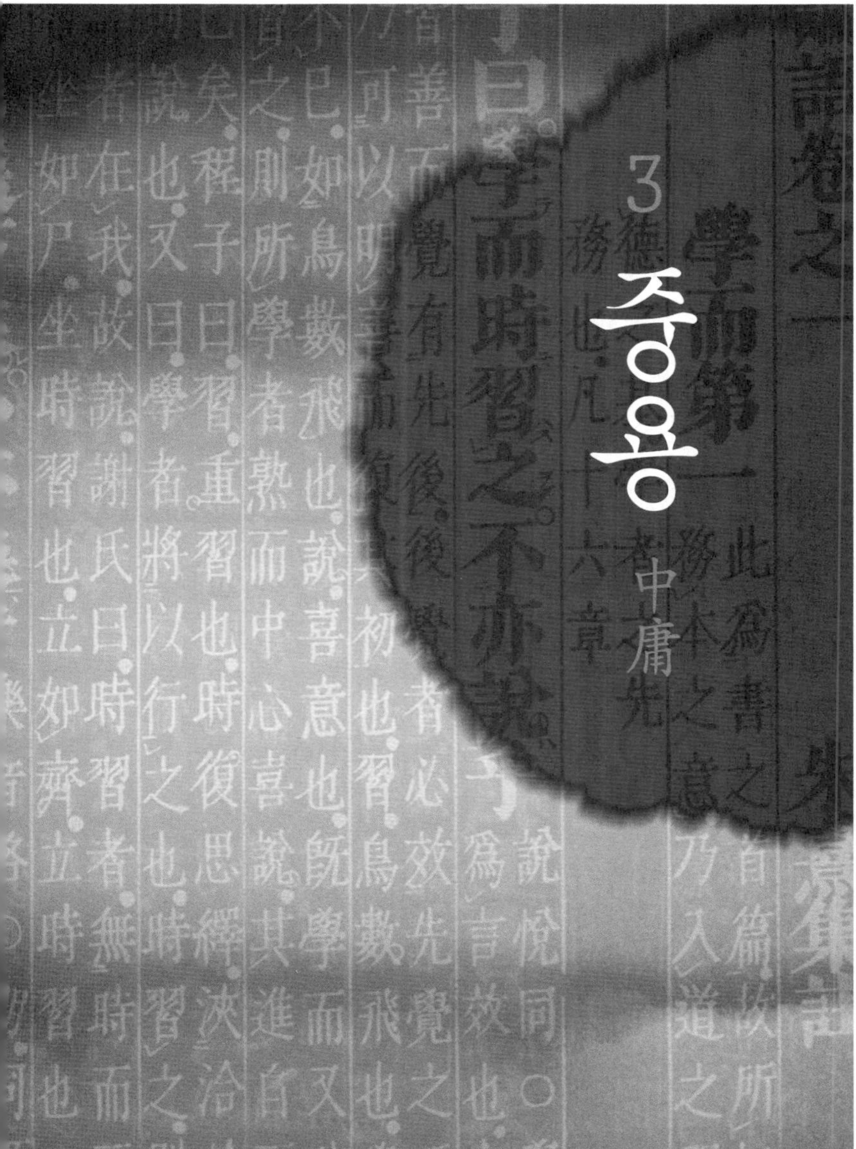

3 중용 中庸

중용의 도

중용

하늘이 명한 것을 일러 성性이라 하고, 성을 따르는 것을 일러 도道라 하며, 도를 닦는 것을 일러 가르침敎이라 한다.

원문

天命之謂性이요 率性之謂道요 修道之謂敎니라

자해

* 명命 : 령令과 같음. 위謂 : 이르다. 혹은 위爲와 같이 '~라고 하다'로 쓰기도 함. 성性 : 본성, 이치理와 같음.
* 솔率 : 따르다. 도道 : 길, 로路와 같음.
* 수修 : 닦다. 여기서는 품절品節로 쓰임. 즉 품절은 높고 낮은 등급을 구별하고 절차를 정한다는 의미이다.

해영

『대학』의 핵심이 삼강령三綱領, 즉 "대학의 도는 밝은 덕을 밝힘에 있고, 민중을 새롭게 함에 있으며, 지극한 선에 그침에 있다."면, 『중용』의 핵심은 제1장인 바로 이 부분이라 할 수 있습니다. 학문의 이치는 성性과 명命보다 더 정밀한 것이 없고, 일은 도道와 가르침보다 큰 것이 없는데, 세상 사람들은 이 '성'이나 '도' 혹은 '가르침'에 대해 잘 모르고 살다 보니 어둡다고만 합니다. '성'과 '도'와 '가르침'이 필요한 까닭입니다.

주지하다시피 사람은 태어날 때부터 성품性品이 주어집니다. 그러나 이 '성'이라는 것은 저절로 생기는 것이 아니라, 하늘이 사람을 세상에 내실 때에 기운氣運을 통해 형체形體를 이루게 하고, 그 형체 속에 이치를 실어주어 성품이 성립됩니다. 이때 각각의 사람들은 이를 잘 받아 네 가지의 덕德, 즉 인의예지仁義禮智로 삼는 것이지요. 이 때문에 '성품은 하늘에 근원한다'거나 하늘이 '명'한 것을 '성'이라고 하는 것이지요.

또 천하天下의 일에는 모두 '도'가 있다고 합니다. 그러나 '도'는 억지로 하는 것이 아니라 온갖 이치가 다 갖춰져 있는 상태에서 사람들이 그 '성'의 자연스러움을 따르면, 날마다 쓰는 사물 가운데 스스로 '도'가 지극하게 되어 바꾸지 못할 이치가 구축되는 것입니다. 이것을 '도는 성에서 말미암는다'고 하는 것이지요. 달리 표현하면 '성을 따른다'고 하는 것입니다. 그리고 성인이 법을 만들어 천하를 인도하면 가르침이 있게 됩니다.

그러나 가르침도 사실 쉽지 않습니다. '성'과 '도'는 같아도 기질이 혹 다를 수가 있기 때문입니다. 이 때문에 마땅히 행해야 할 '도'를 근거로 등급과 상황을 고려하여 지나치거나 부족한 사람으로 하여금 중용中庸을 얻게 하는 것입니다. 이것을 이른바 '가르침이 도를 닦는다'고 하는 것이지요. '성과 도와 가르침'의 근원을 따지자면 하늘에서 온 것이지만, 나와 동떨어진 것이 아니라는 점에서 중시하지 않을 수 없는 일입니다.

경계하고 삼감

중용

'도'란 것은 잠시도 떠날 수 없는 것이니, 떠날 수 있으면 '도'가 아니다. 그러므로 군자는 그 보지 않는 바에도 경계하고 삼가며 그 들리지 않는 곳에서도 두려워한다.

원문

道也者는 不可須臾離也니 可離면 非道也라 是故로 君子는 戒愼乎其所不睹하며 恐懼乎其所不聞이니라

자해

* 도道 : 날마다 쓰는 사물이 마땅히 행해야 할 이치. 모든 성품의 덕. 야자也者 : 음절을 조정하고 어기를 고르는 어기조사. ~라는 것은. 수유須臾 : 잠시. 리離 : 떠나다, 떨어지다.
* 시고是故 : 그러므로, 이러므로. 계신戒愼 : 경계하고 삼감. 소所 : ~바. 부도不睹 : 보지 않다. 공구恐懼 : 두려워하다. 불문不聞 : 들리지 않다.

해영

성性을 따르는 것을 도道라 하고, '도'를 닦는 것을 가르침이라 하였습니다. 따라서 '도'는 '성'으로부터 나오고, 가르침은 '도'에서부터 이루어집니다. 그러므로 도라는 것은 잠시도 떠나 있을 수 없습니다. 만일 떠날 수 있다면 그것은 도가 아닙니다. 이는 일상생활 속에서 마땅히 행해야 하는 이치이기 때문입니다.

때문에 군자君子는 '도'를 확실히 체득시켜 경계하고 삼가는 마음을 유지해야 합니다. 그러나 경계하고 삼가는 것은 보이는 것만을 의미하지 않습니다. 어둡거나 은미隱微한 형상조차 없는 고요함 속에서도 경계하고 삼가야 함을 뜻합니다. '도'가 내 몸에서 잠시도 떨어지지 않도록 끊임없이 붙잡아야 하겠습니다.

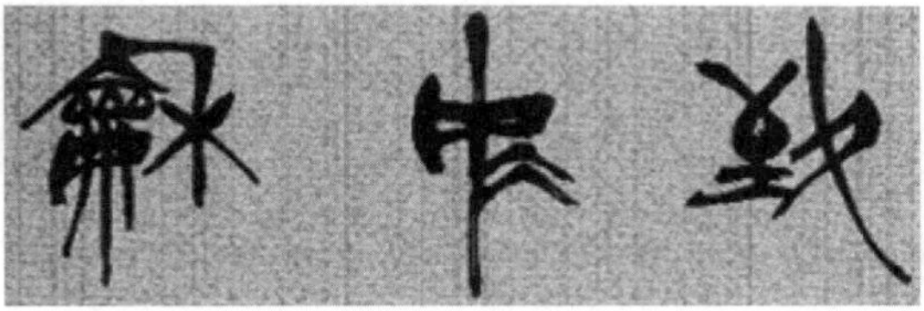

중화中和

중용

기쁨과 노여움, 슬픔과 즐거움이 아직 발發하지 않은 것을 중中이라 이르고, 발하여 모두 절도節度에 맞는 것을 화和라 이르니, '중'이란 것은 천하의 큰 근본이요, '화'란 것은 천하에 두루 통하는 도道이다. '중'과 '화'를 지극히 하면 천지가 자리를 잡으며 만물이 길러진다.

원문

喜怒哀樂之未發을 謂之中이요 發而皆中節을 謂之和니 中也者는 天下之大本也요 和也者는 天下之達道也니라 致中和면 天地位焉하며 萬物이 育焉이니라

자해

* 희로애락지미발喜怒哀樂之未發 : 기쁨과 노여움, 슬픔과 즐거움은 정情이고, 그것이 아직 발하지 않은 것은 성性이다.
* 중中 : 치우치거나 기우는 바가 없는 상태. 발이개중절發而皆中節 : 희로애락의 감정이 발하여 절도에 적중됨. 화和 : 어그러지거나 틀린 바가 없는 상태. 달도達道 : 두루 통하는 도.
* 치致 : 이루다. 지극히 하다. 미루어 극진하게 함. 위位 : 제자리에서 편안함. 육育 : 그 사는 것을 이룸.

해영

위에서 도道란 녀석은 잠시도 떠날 수 없는 것이니, 떠날 수 있으면 '도'가 아니라고 하였습니다. 때문에 군자는 그 보지 않는 바에도 스스로 경계하고 삼가면서 기쁨과 노여움, 슬픔과 즐거움 네 가지의 감정을 이해하지 않을

수 없는 일입니다. 이 마음이 발發하지 않을 경우에는 치우치거나 기울어짐이 없는 상태, 즉 중中이라 합니다. 이 '중'이 절도에 맞으면 모든 일이 적중하여 이치에 거스르거나 어그러짐이 없습니다. 이를 이른바 화和라고 하지요.

중中이라는 것은 '본성의 덕' 또는 '도의 본체本體'라고 합니다. 고요히 움직이지 않지만 천하 사물의 이치가 모두 구비되어 있기 때문에 이를 근본으로 삼는 것이지요. 반면 화和라는 것은 '감정의 바름'이고, '도의 작용作用'이라고 합니다. 이것이 감동하여 소통되면 고금古今과 사물이 모두 절도에 들어맞기 때문에 천하에 두루 통하는 '도'라고 하는 것이지요. 그러므로 '중화'는 '본성'과 '감정'을 뜻하는 말로 '도의 본체와 작용'으로 풀이할 수 있습니다.

따라서 중화中和가 확대되면 천하 만물 또한 극진해집니다. 곧 내 마음이 천지의 마음과 일맥상통하는 것이지요. 말하자면 음양陰陽과 동정動靜이 각각 제 자리를 잡아 천지 만물이 편안하게 길러지는 것입니다. 이러한 '중화'가 이루어져 천지만물이 자리를 잡고 길러짐은 모두가 경계하고 삼가는 데서 비롯됩니다. 그러므로 '도'가 내 마음의 근본에서 떠나지 않도록 홀로 삼가는 마음을 끊임없이 유지해야 합니다. 보존하고 기르는 자세, 군자의 삶입니다.

중용과 반중용

중용

공자가 이르기를, "군자는 중용을 행하고, 소인은 중용에 반대로 한다."

원문

仲尼曰 君子는 中庸이요 小人은 反中庸이니라

자해

* 중니仲尼 : 공자孔子의 자字. 중용中庸 : 편벽되지 않고 치우치지 아니하여 과불급過不及이 없는 평범한 이치. 정미精微함이 극진한 경지.

해영

세상에 많이 알려진 것처럼 중용中庸이란 말은, 편벽되지 않고, 치우치지 아니하여 지나치거나 부족함이 없는 평범한 이치를 뜻합니다. 이러한 이치는 모든 사람들에게 부여된 것이지만 오직 군자君子만이 이를 체득하여 본체本體와 작용作用이 한결같다고 하지요. '중용의 도道'에 딱 어울리게 행한다는 것입니다.

그러나 소인은 늘 치우치거나 기울어져 날마다 행하는 '중용의 도'를 위배한다고 합니다. 소인이 중용을 행하지 못하는 것은 '거리낌이 없기 때문'[69]입니다. 이는 물욕物欲을 억제하지 못해 악행惡行도 서슴지 않는 경우를 의미합니다. 군자와 소인의 차이, 정신을 지향하느냐 물질을 지향하느냐에 달려 있다 하겠습니다.

순의 대지

중용

공자가 이르기를, "순舜임금[70]은 크게 지혜로운 분이었다. 순임금은 묻기를 좋아하고 평범한 말씀 살피기를 좋아하되 악함을 숨겨주고 선함을 드러내며, 두 끝

69 "소인이 중용에 반대로 함은 소인이면서 기탄이 없기 때문이다."(『중용』 제2장 : 小人之(反)中庸也, 小人而無忌憚也.)

70 예로부터 제왕(帝王)의 통치가 가능했던 사람은 많다. 하지만 대개 인위적인 통치였다. 순임금은 덕이 풍부하여 인위적으로 하지 않은 것이 큰 특징이다. 그는 요(堯)임금의 덕을 그대로 이어받았을 뿐 아니라 당시의 인재들을 그대로 이어받았기 때문에 인위가 필요 없었다. 항상 몸을 공손히 하고 엄숙하게 했다.

을 잡아 그 중中을 민중에게 썼으니, 그 때문에 순임금이 된 것이다."

원문

子曰 舜其大知也與인저 舜好問而好察邇言하되 隱惡而揚善하며 執其兩端하사 用其中於民하니 其斯以爲舜乎인저

자해

* 지知 : 지智와 같음. 야여也與 : 기其와 함께 쓰여서 추측을 표시하거나 자신의 생각을 완곡하게 표현하는 어기조사. 찰察 : 평범한 이야기를 정밀하게 살핌. 이언邇言 : 얕고 비근한 말.
* 은악隱惡 : 악을 숨겨주다. 양선揚善 : 선을 드러내다. 집執 : 잡다. 양단兩端 : 양쪽 끝. 뜻을 달리하는 대립적인 주장들. 모든 물건은 두 끝에 있으니, 크거나 작거나 두텁거나 얇은 종류. 이위以爲 : ~라고 여기다.

해영

예로부터 덕德을 많이 쌓아야 덕 있는 사람을 알아볼

수 있다고 합니다. 공자가 순임금을 높이 평가할 수 있었던 것은 그의 사람 보는 안목이 남달랐다기보다는 그가 덕을 많이 쌓았기 때문으로 여겨집니다. 덕 없는 사람이 덕 있는 이를 알아볼 수 없음은 이러한 까닭 때문이지요. 그렇다면 순임금의 그 무엇이 큰 지혜의 소유자로 평가되었을까요?

순임금은 사람의 능력이 한계가 있음을 절감하고 남들에게 묻기를 좋아했습니다. 묻기만 한 것이 아니라 고견은 고견대로, 평범한 말을 평범한 대로 모두 지극히 하였지요. 가령 선善한 일은 드러내 칭찬해 주고, 악惡한 일은 숨겨 주었지요. 또 대립하는 일이 생기면 그 양 끝을 잡아 극진하게 살펴 중中을 선택하여 쓰는 것이 한결 같았습니다.

이 때문에 사람들은 순임금을 평가할 때 항상 총명과 예지로써 천하를 뒤덮었다고 합니다. 하지만 그가 자신의 주장만을 일삼기보다 '남의 말을 주로 경청'했다는 점은 잘 모릅니다. 위정자들이 반드시 새겨야 할 대목입니다. 혼란이 점철되고 있지만, 순임금의 이와 같은 경청 태도를 익히고 실천한다면, 갈등이 완화되는 비결이 되리라 확신합니다.

칭찬의 효과

중용

공자가 이르기를, "안회顔回의 사람됨은 중용을 택하여 한 가지 선함을 얻으면 권권拳拳히 가슴속에 두어 잃지 않는다."

원문

子曰 回之爲人也 擇乎中庸하여 得一善이면 則拳拳服膺而弗失之矣니라

자해

* 회回 : 공자의 제자 안연顔淵의 이름. 위爲 : '~이다'라는 뜻의 동사. 택擇 : 가리다. 득得 : 덕德과 같음.
* 권拳 : 돌아보다. 권권拳拳 : 받들어 가지는 모양. 복服 : 일반적으로 옷으로 해석하지만 여기서는 '두다'로 해석한다. 응膺 : 가슴. 불弗 : 불不과 같음.

해영

천하의 사물에는 모두 중용中庸의 이치가 있다고 합니

다. 사람들이 그것을 가리지 못할 뿐이지요. 혹 가릴 줄을 안다 해도 오래 지속하지 못합니다. 일찍이 공자 자신도 한 달을 지속하기 힘들다고 언급[71]한 것을 보면, 중용의 실천 정신을 재차 헤아리게 됩니다.

이처럼 실천하기 어려운 중용을, 안회는 사람됨이 올바를뿐 아니라 사물의 이치에 따라 분별하여 그에 걸맞은 생활을 오래도록 지속하였습니다. 어떤 선한 일을 하나 얻으면 그것을 가슴으로 받아 행하고 지키는 것이 한결같았지요. 중용의 도에 통달한 것입니다.

오래된 이야기지만 백락이 있고 나서 천리마千里馬가 생겼다고 합니다. 말馬을 보는 데 혜안을 가진 백락[72]이 없었으면 천리마도 없었다는 얘기지요. 공자의 안회 칭찬은 2500년이 지난 오늘날에도 삶의 표본이 되고 있습니다. 중용의 도를 실천해야 하겠습니다.

---

71 "사람들이 모두 말하기를, 내가 지혜롭다고 하지만, 중용을 가려 한 달을 지키지 못한다."(『중용』 제7장 : 人皆曰予知, 擇乎中庸而不能期月守也.), "천하와 국가를 고르게 할 수 있으며, 벼슬과 봉록도 사양할 수 있으며, 흰 칼날도 밟을 수 있지만, 중용은 능히 할 수 없다."(『중용』 제9장 : 天下國家, 可均也, 爵祿, 可辭也, 白刃, 可蹈也, 中庸, 不可能也.)

72 백락(伯樂)은 주(周)나라 때 사람으로 말(馬)의 능력을 단 시간에 알아내는 탁견의 소유자였다. 즉 천리마는 수없이 존재하지만 백락과 같은 인물이 아니면 찾아내지 못한다는 의미이다. 후일 세상에서는 천리마를 영웅호걸에 비유하기도 하고, 명군(名君)이나 인재(人才)에 비유하기도 한다.

군자의 힘

중용

공자가 이르기를, "군자는 조화를 이루되 휩쓸리지 않으니, 강하다 꿋꿋함이여! 가운데 서서 기울지 않으니, 강하다 꿋꿋함이여! 나라에 도가 있으면 궁할 적의 의지를 변치 않으니, 강하다 꿋꿋함이여! 나라에 도가 없으면 죽음에 이르러도 변치 않으니, 강하다 꿋꿋함이여!"

원문

子曰 君子는 和而不流하나니 强哉矯여 中立而不倚하나니 强哉矯여 國有道에 不變塞焉하나니 强哉矯여 國無道에 至死不變하나니 强哉矯여

자해

* 재哉 : 감탄의 어기를 표시하는 어기조사. 강재强哉 : 강하도다. 교矯 : 굳세다. 중용을 지속한다는 의미의 꿋꿋함. 의倚 : 한편으로 기울어짐. 색塞 : 궁색하다. 막히다.

해영

『논어』에 "군자는 조화를 이루고 뇌동[73]하지 않으며, 소인은 뇌동하고 조화를 이루지 못한다."[74]는 말이 있습니다. 즉 군자의 마음 씀씀이와 소인의 마음 씀씀이가 다름을 엿볼 수 있는 대목이지요. 군자의 마음은 항상 주관을 가지고 있으면서도 공변되어 역지사지易地思之하는 마음으로 상대에게 거스름이 없어 조화를 이루지만, 소인의 마음은 늘 주관이 없기 때문에 시기하거나 각박함을 즐겨 결국 편당하는 것입니다. 다시 말해 군자는 상대가 내 생각과 설사 다르더라도 화합을 위해 상대의 마음을 존중함으로써 조화를 이루지만, 소인은 자신의 이익을 기준으로 삼기 때문에 쉽게 주관을 버리고 상대에게 동화되는 것이지요.

이처럼 군자는 타인에게 쉽게 휩쓸리지 않지만, 소인은 쉽게 휩쓸립니다. 즉 군자의 마음은 '사사로운 마음을 이기는 마음'이기 때문에 강한 마음이지요. 또 나라에 도道가 있을 때를 보겠습니다. 누구나 부귀富貴를 원합니다. 하지만 군자는 이런 때에도 궁색했을 때의 마음을 잃지 않

73 그 어떤 주관도 없이 그저 상대의 의견을 맹목적으로 좇음.
74 『논어』, 「子路」: 子曰, 君子, 和而不同, 小人, 同而不和.

습니다. 때문에 강한 마음을 유지할 수 있습니다. 물론 나라에 도道가 없다면 죽음도 불사할 수 있는 마음을 유지함은 말할 것도 없습니다. 이러한 절개를 종신토록 변치 않는 마음을 이른바 군자의 마음, 즉 '꿋꿋한 마음'이라 할 수 있습니다. 중용이란 '1과 5의 중간 형태인 3'이라는 식의 산술적인 의미가 아님을 알 수 있는 대목입니다.

평범한 도

중용

공자가 이르기를, "도道가 사람에게서 멀리 있지 않으니, 사람이 '도'를 행하면서 사람을 멀리한다면 '도'라 할 수 없다."

원문

子曰 道不遠人하니 人之爲道而遠人이면 不可以爲道니라

자해

* 도道 : 성품을 좇는 것을 뜻함. 진실로 민중이 알 수 있고

행할 수 있는 것을 의미함. 불가이不可以 : ~할 수 없다. 불가이위도不可以爲道 : 도라 할 수 없다.

해영

도道라는 것, 사실 거창한 게 아닙니다. 일상에서 활용하는 것 가운데 하나지요. 일반적으로 의식하지 않아도 행하는 것을 사람들은 "도가 트다" 혹은 "도사道士"로 지칭합니다. 말하자면 '도'는 일상사라고도 할 수 있는 말이지요. 그럼에도 '도'를 먼데서만 찾으려 하는 사람이 한둘이 아닙니다. 『시경』에 다음과 같은 말이 있습니다. "'도끼자루를 잡고 도끼자루를 벰이여! 그 법이 멀리 있지 않다'라고 하니, 도끼자루를 잡고 도끼자루를 베면서도 흘겨보고 오히려 그 법이 멀리 있다고 여긴다. 그러므로 군자는 사람의 도리로써 사람을 다스리다가 잘못을 고치면 그친다."[75]고 한 것이지요.

『시경』의 이 구절이 우리에게 시사를 하는 것은, 새로운 도끼자루의 길이를 재는 기준이 다름 아닌 지금 잡고 있

---

75 『시경(詩經)』, 「빈풍(豳風) · 벌가(伐柯)」 : 伐柯伐柯, 其則不遠. 執柯以伐柯, 睨而視之, 猶以爲遠. 故君子以人治人, 改而止.

는 도끼자루에 있음을 뜻합니다. 이미 이루어진 도끼자루는 비록 오래된 도끼자루이지만, 새로운 도끼자루를 재는 데에는 안성맞춤이기 때문에 이를 참고하라는 것이지요. 따라서 세상을 살아가는 '도'는 먼 곳에 있지 않음을 알 수 있습니다. 성현聖賢의 삶을 기준으로 삼아도 좋고, 당대의 현인賢人을 기준으로 삼아도 좋습니다. 옛사람이든 지금 사람이든 그들의 도가 특별하지 않은 '평범한 도'를 실천했다는 점입니다. 평범한 삶의 도를 실천하는 것, 그것이 중용의 도입니다.

마땅한 도

중용

군자는 그 지위에 따라 행하고, 그 밖의 것을 원하지 않는다. 부귀에 처해서는 부귀대로 행하고, 빈천에 처해서는 빈천대로 행하며, 이적에 처해서는 이적대로 행하며, 환난에 처해서는 환난대로 행하니, 군자는 들어가는 곳마다 스스로 얻지 않음이 없다.

원문

君子는 素其位而行이요 不願乎其外니라 素富貴하여는 行乎富貴하며 素貧賤하여는 行乎貧賤하며 素夷狄하여는 行乎夷狄하며 素患難하여는 行乎患難이니 君子는 無入而不自得焉이니라

자해

* 소素 : 평소, 현재現在와 같음. 호乎 : 음절을 조정하고 어기를 고르는 어기조사. 기위其位 : 공간적 개념으로 현재의 위치를 뜻함.
* 이적夷狄 : 보통 오랑캐로 칭하나, 문화가 천박한 민족을 일컬을 때 주로 쓴다. 언焉 : 음절을 조정하고 어기를 고르는 어기조사.

해영

모두가 같은 장소 같은 지위를 가지고 살 수는 없습니다. 따라서 거처하는 곳마다 그 지위는 다르게 구현될 수밖에 없습니다. 누구나 삶은 주어지지만, 군자의 삶은 그 처하는 환경과 지위가 어떻든 그 곳에서의 도道에 어울리도록 행동해야 함을 강조하는 것이지요. 즉 자신에게 주어

진 충신忠信과 독경篤敬[76]을 떠나지 않고, 마땅히 행해야 할 것은 행하여야 한다는 것입니다.

가령 부귀富貴한 지위에 처하면 부귀에 마땅한 도를 행하고, 빈천貧賤한 지위에 처하면 빈천에 마땅한 도를 행하는 것입니다. 또 이적夷狄의 지위에 처하더라도 그에 마땅한 도를 행하는 것이지요. 이는 군자가 가는 곳마다 '마땅한 도'를 행하면, 그곳의 문화 또한 군자의 문화로 변모된다는 것입니다. 이것이 바로 군자는 '들어가는 곳마다 스스로 얻지 않음이 없다'는 뜻입니다.

정곡正鵠

중용

공자가 이르기를, "활 쏘는 것이 군자의 자세와 비슷함이 있으니, 정곡正鵠을 잃으면 돌이켜 그 자신에서 찾는다."

---

76 제자인 자장이 공자에게 행(行)에 대해 묻자, 이르기를, "말이 충실하고 믿음직스러우며(忠信) 행실이 돈독하고 경건하면(篤敬) 비록 오랑캐의 나라라 하더라도 행(行)해질 수 있지만, 말이 충실하고 믿음직스럽지 못하고 행실이 돈독하지 못하면, 고을과 마을에서라도 행해질 수 있겠는가?"(『논어』, 「衛靈公」 : 子張, 問行, 子曰, 言忠信, 行篤敬, 雖蠻貊之邦, 行矣. 言不忠信, 行不篤

원문

子曰 射는 有似乎君子하니 失諸正鵠이어든 反求諸其身이니라

자해

* 사射 : 활을 쏘다. 사似 : 같다, 비슷하다. 호乎 : 음절을 조정하고 어기를 고르는 어기조사.
* 저諸 : 지어之於와 같다. 정곡正鵠 : 정은 베에 그린 것이고, 곡은 가죽을 붙인 것이다. 따라서 과녁을 의미한다. 반反 : 돌이키다, 되돌리다.

해영

이른바 '활쏘기'라는 것은 육예六藝[77] 가운데 하나입니다. 그만큼 재주의 하나로 볼 수 있는 것이지요. 활을 쏜다는 것은 반드시 정곡正鵠, 즉 과녁을 목표로 합니다. 과녁에 적중시키고자 하는 것은 무엇 때문일까요? 살아가는 방법과 다르지 않기 때문입니다. 정곡을 향해 날아간 화살이 어긋날 경우, 주변 환경이나 과녁을 탓하기보다, 자기 자신의 마음과 자세에서 문제를 찾아야 한다는 것이지요.

활을 쏘는 사람의 자세는 모름지기 이 같은 마음자세가

필요합니다. 마치 군자가 어떤 공익사업을 추진했음에도 얻는 것이 없다면, 주변 환경이나 구성원을 탓할 게 아니라 도리어 자기 자신에서 문제를 찾아야 한다는 것이지요. 다시 말해 화살이 날아가는 과정은 우리가 세상을 살아가는 도道와 다르지 않다는 점에서, 잘못된 것이 있다면 자기 자신에서 문제를 찾아 해소해야 한다는 것입니다.

일각에서는 활 쏘는 행위에 대해, 사냥이나 전쟁을 더 효과적으로 수행하기 위한 것으로 이해하는 경우가 있습니다. 이는 활의 본래 기능을 알지 못해 비롯된 결과입니다. 물론 활쏘기가 사냥 혹은 전쟁 도구로 변이된 것도 사실이지만, 이는 본질이 아닙니다. 활쏘기는 순전히 군자의 수양 도구에 불과합니다. 늘 자신을 성찰하면서 분수에 맞게 움직이는 것, 이것이 중용에서 일러주는 정곡입니다.

敬, 雖州里, 行乎哉.)하였다. 이처럼 충신과 독경은 군자가 반드시 갖추어야 할 덕목이다.

77 육예(六藝)는 『주례(周禮)』에 나오는 말로 예(禮) · 악(樂) · 사(射) · 어(御) · 서(書) · 수(數)를 일컫는다. 육예 가운데 사(射)에 관해서만 살펴보면 5가지가 있다. 첫째, 백시(白矢)이다. 화살이 과녁을 꿰뚫어서 그 촉이 희게 나타난 것을 말한다. 둘째, 삼련(三連)이다. 앞서 1개의 화살을 쏘고, 뒤에 3개의 화살을 연속하여 쏘는 것을 말한다. 셋째, 염주(剡注)이다. 깃머리(우두:羽頭)가 높고 촉이 낮은 살이 빛나면서 날아가는 것을 말한다. 넷째, 양척(襄尺)이다. 신하가 임금과 활을 쏠 때에 임금과 나란히 서지 않고, 임금보다 아래쪽으로 한 자 떨어져서 쏘는 것을 말한다. 다섯째, 정의(井儀)이다. 4개의 화살이 과녁을 꿰뚫은 것이 정 자(井字)의 모양 같다고 해서 나온 말이다.

도의 계제

중용

군자의 도는 비유하자면 먼 곳을 갈 때에 반드시 가까운 곳으로부터 시작하는 것과 같으며, 비유하자면 높은 곳에 오를 때에 반드시 낮은 곳으로부터 시작하는 것과 같다.

원문

君子之道는 辟如行遠必自邇하며 辟如登高必自卑니라

자해

* 비辟 : 비譬와 같음. 여如 : 가정이나 조건을 표시하는 접속사. ~같다. 이邇 : 가깝다. 비卑 : 낮다.

해영

'군자의 도道' 혹은 '소인의 도'가 따로 있을까요? 군자의 도를 주로 일컫는 것은 사서四書의 핵심 가르침이 모두 '군자의 도'를 추구하고 있기 때문에 강조하는 것일 뿐이지요. 물론 군자와 배치된 도는 말할 것도 없이 '소인의 길'이 될 것입니다. 만일 성性을 이해하고 천명을 알아 정성스럽게 의리와 덕을 쌓는 사람이 있다면 어찌될까요? 그는 반드시 유덕자有德者 내지는 유위자有位者가 될 것입니다.

유덕자有德者, 즉 '덕이 있는 사람' 내지는 유위자有位者, 즉 '지위가 있는 사람'을 세상 사람들은 모두 지향합니다. 이를 위해서는 먼 곳을 갈 때는 가까운 곳으로부터 출발하고, 높은 곳을 오를 때는 낮은 곳으로부터 시작하고자 하는 마음 자세가 필요합니다. 군자의 도는 고상함에 있는 것이 아니라 이처럼 평범함 속에 자리하고 있습니다. 일상생활을 '의연하고도 꿋꿋하게' 이어가야 하는 이유입니다.

귀신鬼神

중용

공자가 이르기를, "귀신[78]의 덕 됨이 성대하구나! 보아도 보이지 않으며 들어도 들리지 않되, 사물의 본체가 되어 빠뜨릴 수 없다."

원문

子曰 鬼神之爲德이 其盛矣乎인저 視之而弗見하며 聽之而弗聞이로되 體物而不可遺니라

자해

* 귀신鬼神 : 동양의 귀신 개념은 일반적으로 서양에서의 유령, 즉 고스트Ghost와는 다른 의미를 지닌다. 즉 귀鬼가 뭉쳐지는 것이라면, 신神은 흩어짐(펼쳐짐)을 뜻한다. 지之 :

78 귀신(鬼神)에 대해 정자(程子)는 "귀신은 천지의 공용(功用)이고, 조화의 자취이다."라고 했고, 장자(張子)는 "귀신이라는 것은 두 기운, 즉 음양의 진실한 능력이다."라고 하였다. 그런가 하면 주자(朱子)는 "두 기운으로 말하면, 귀(鬼)라는 것은 음(陰)의 신령함이고, 신(神)이란 것은 양(陽)의 신령함이다. 한 기운으로 말하면, 와서 펴는 것은 신(神)이 되고, 뒤집어 돌아가는 것은 귀(鬼)가 되니, 실상은 한 존재일 따름이다."라고 하였다.

보통 일반적인 대상을 가리키는 인칭대사로 쓰이지만, 여기서는 주격조사로 쓰임. 덕德 : 구체화된 인격체로서의 덕을 의미. 위덕爲德 : 성정性情과 공효功效라는 말과 같음.

* 성盛 : 담다, 성하다. 의호矣乎 : 동작이 이미 완료되었음을 표시하는 감탄조사. 불弗 : 불不과 같음. 체물體物 : 귀신은 형상과 소리가 없다. 그러나 마침과 시작은 음과 양이 합하여 흩어져서 이루어지니, 사물의 본체가 되어 어떤 사물도 귀신을 빠뜨릴 수가 없다. 사물의 본체가 된다고 말한 것은 『주역』에서 "일을 주관한다."는 의미와 같다. 유遺 : 빠뜨리다.

해영

귀신鬼神, 하늘과 땅 사이에 꽉 찬 음양陰陽의 기운을 말하기도 하고, 그 기운의 신령神靈함을 일컫기도 합니다. 귀신의 덕은 없는 것 같지만 존재하고, 아무것도 없는 텅 빈 것 같으면서도 가득 채워져 있습니다. 때문에 귀신의 덕德을 성대하다고 하는 것이지요. 그렇다면 형상도 소리도 없는 귀신의 성대함을 어떻게 볼 수 있을까요?

'각각의 사물'을 보면 알 수 있습니다. 위에서 말한 온갖 음양의 기운과 신령함의 결과물을 육안으로 볼 수 있고,

들을 수 있는 것들이기 때문입니다. 가령 사람들의 성장과정은 어떤가요? 처음 보이지도 들리지도 않았습니다만 성장하면서 보이고 들려옵니다. 그러다 또 다시 시간이 흐르면 초기 보이지도 들리지도 않는 곳으로 돌아가지요.

귀신의 성대함은 이렇게 나타납니다. 귀신을 귀신歸神 혹은 굴신屈伸으로 표현하는 이유도 여기에 있습니다. 즉 신령의 기운이 합하고 흩어지는 것은 결국 어떤 사물이든 나온 곳으로 돌아간다는 뜻이지요. 그러므로 귀신의 덕은 곧 사물의 본체가 되는 것입니다. 어떤 사물도 빠뜨리지 않는 만큼, 성실하게 살아야 하는 이유가 되겠습니다.

인의 정치

중용

애공哀公[79]이 정치에 대해 물으니, 공자가 이르기를, "문왕과 무왕의 정치는 방과 책에 실려 있으니, 그 사람이 있으면 그 정치가 일어나고 그 사람이 없으면 그 정치가 종식된다. 사람의 도는 정치에 민감하고 땅의 도는 나무에 민감하니, 무릇 정치는 갈대와 같다. 그러므로 정치를 하는 것은 사람에게 달려 있으니, 사람을 취하는 것은 몸으로써 하고 몸을 닦는 것은 도로써 하며 도를 닦는 것은 인으로써 해야 한다."

원문

哀公이 問政한대 子曰 文武之政이 布在方策하니 其人存이면 則其政擧하고 其人亡이면 則其政息이니라 人道는 敏政하고 地道는 敏樹하니 夫政也者는 蒲盧也니라 故로 爲政在人하니 取人以身이요 修身以道요 修道以仁이니라

자해

* 문무文武 : 문왕과 무왕. 부자지간이다. 포재布在 : 펼쳐 있다. 방책方策 : 나무판자와 대쪽으로 만든 책, 즉 목판과 죽간竹簡을 지칭한다. 인人 : 어진 신하를 지칭. 거擧 : 정치가 꽃피는 것. 식息 : 멸滅함.
* 민敏 : 빠르게 드러남. 야자也者 : 음절을 조정하고 어기를

79 애공(哀公)은 노(魯)나라의 임금으로 이름은 장(蔣)이다. 재위 기간은 (B.C.494~B.C.468)이다.

고르는 어기조사. 포로蒲盧 : 갈대. 신身 : 임금의 몸으로 지칭. 도道 : 천하의 공통된 도. 인仁 : 천지가 만물을 낳는 마음으로서, 사람이 태어나면서 부여받는 것.

해영

세상에 인재는 언제나 존재한다고 합니다. 그러나 '때에 적합한 인재'는 찾기 쉽지 않습니다. 문왕과 무왕 같은 사람이 있으면 정치가 흥하고, 그렇지 않으면 종식된다고 한 것은 유효적절한 논의지요. 민주주의가 만개하고 있는 오늘날에도 끊임없이 이 같은 의문이 제기되는 것만 보아도 때에 걸맞은 인재는 찾기 쉽지 않습니다. 일찍이 '서양의 공자'로 불리는 소크라테스Socrates[80]라는 철학자도 민주주의를 그리 긍정적으로 보지 않았지요. 하지만 페리클레스Pericles[81]와 같은 강건한 지도자에 의한 민주주의는 긍정한 바 있습니다. 그만큼 때에 적합한 인재는 드물었다는 얘기지요.

그렇다면 때에 알맞은 인재가 존재한다면 정치가 어떻게 흥하게 될까요? 바로 실천력이 담보되기 때문입니다. 가령 세상에 꼭 쓸모 있는 정책 한 가지만 제정해도 그에 따른 파급효과는 매우 크게 나타납니다. 그렇다면 열 가지

백 가지를 제정한다면 어떻겠습니까? 순식간에 정치가 흥하게 될 수밖에 없는 일이지요. 말하자면 지도자가 진정성을 가지고 민중을 위하는지 여부에 따라 성패가 갈린다고 할 수 있습니다. 다시 말하면 '사람의 도'는 정치에서 가장 빠르게 나타납니다. 따라서 지도자가 올바른 정치를 하기 위해서는 올바른 마음을 지닌 훌륭한 참모를 반드시 필요로 합니다.

---

80 소크라테스(Socrates : B.C.470~B.C.399)는 고대 그리스의 철학자다. 아테네에서 태어나 일생을 문답(問答)을 통하여 스스로의 무지(無知)를 깨닫고 참다운 지식을 탐구하도록 하였으며, 시민의 도덕의식을 개혁하는 일에 힘썼다. 그가 민주주의를 그리 긍정적으로 보지 않은 데에는, 민주주의가 오용되면 자칫 개나 소 같은 인사들이 정치를 하겠다고 날뛴다고 보았기 때문이다. 개나 소 같은 인사들이 정치를 하겠다고 뛰어 들면 어떻게 되겠는가. 정치가 타락되는 것은 명약관화하다. 사실 정치만 타락되면 그뿐이지만, 그것이 사회 전체를 타락시킨다는데 문제의 심각성이 있다. 사회 전체가 타락되면 어떤 현상이 벌어질까? 이른바 '사회적 약자'로 불리는 이들의 피해로 이어질 수밖에 없다. 국가가 구성된 근본원리가 '강자'가 아닌 '사회적 약자'를 위해 구성되고 운영된다는 점에서 문제가 아닐 수 없는 것이다. 민주주의의 허점이 바로 이런 경우일 것이다.

81 페리클레스(Pericles)는 B.C.5세기 후반, 아테네 민주주의와 아테네 제국을 정치와 문화적으로 한 단계 성숙시킨 인물이다. 그는 당시의 주도세력이었던 '귀족파'에 대항하여 대중선거라는 오늘날의 선거와 유사한 제도를 도입하였다. B.C.461년에 암살당한 급진적 민주주의자 에피알테스(Ephialtes)의 뒤를 이어 민주파의 지도자가 되었다. 그는 곧 바로 아테네의 정치와 경제, 사회, 문화 전반에 걸쳐 주도권을 쥐기 위한 정책을 입안 추진했다. 지역 곳곳에 아테네인 정착촌을 늘려 지배력을 강화하는 한편 늘어나는 아테네 시민들에게 토지를 제공하는 등 이른바 '부국'과 '질서'를 확립하였다. B.C.447년에 착공한 아크로폴리스 건설도 하나의 업적으로 평가된다.

지도자와 참모가 혼연일체渾然一體가 되어 민중을 위해 열성을 다한다면, 나라의 정치가 흥하게 되는 것은 불문가지입니다. 다시 말해 비전을 제시할 줄 아는 지도자라 하더라도 선행해야 할 것은 현실에서 사업을 수행할 참모를 필요로 합니다. 이를 위해서는 몸소 인재를 찾아나서야 합니다. 마치 전국시대戰國時代때 연燕나라의 소왕昭王[82]처럼

82 소왕이 신하인 곽외(郭隗)에게 나라를 일으키는데 충분한 인재는 어떻게 하면 얻을 수 있는지를 물었다. 곽외는 다음과 같이 답했다. "저는 이런 이야기를 들었습니다. 옛날 어느 군공(君公)이 천금을 내걸고 천리마(千里馬)를 구하려고 했으나, 3년이 지나도록 뜻을 이루지 못했습니다. 그때 한 사람의 연인(涓人 : 궁중 내에서 소식을 전하거나 청소하는 사람)이 자원하고 나섰으므로 천금을 내주며 천리마를 구해오라고 하였습니다. 그 사나이는 3개월 정도 걸려 천리마가 있는 곳을 알아냈으나 안타깝게도 그 사나이가 도착하기 전에 말이 죽어버렸습니다. 그래서 죽은 말의 뼈를 5백금에 사가지고 왔답니다. 군공(君公)은 크게 노(怒)하여 '내가 바라는 것은 산말이다. 어찌 죽은 말을 5백금이나 주고 사왔느냐?'라며 호통을 쳤습니다. 그러자 사나이는 물러서지 않고 '아닙니다. 제 말씀을 들어주십시오. 천리마라면 죽었음에도 5백금으로 사겠다고 하였으니, 산말이라면 얼마나 많은 돈을 줄 것인가, 하고 사람들은 생각할 것입니다. 염려하지 않으셔도 멀지 않아 반드시 희망하는 말이 찾아올 것입니다.'라고 답했습니다. 과연 1년도 채 되지 않아 천리마를 끌고 온 사람이 세 사람이나 되었다고 합니다. 지금 왕께서 진정한 현인(賢人)을 원하신다면 먼저 이 외(隗)로부터 시작하십시오. '외(隗)같은 사람도 저렇게 후하게 대접을 받고 있는데, 하물며 그보다 어진 사람들이야 이를 것이 있겠는가?' 하며 현인들은 천리를 마다 않고 찾아올 것입니다." 이리하여 소왕은 외(隗)를 위해 황금대(黃金臺)라는 궁전을 세우고 스승으로 대우했다. 이 사실이 순식간에 제국(諸國)에 퍼지자, 그야말로 천하의 현인들이 앞을 다투어 연(燕)나라로 모여들었다. 조(趙)나라의 명장 악의(樂毅)가 오고, 음양설의 시조인 추연(鄒衍)이 오고, 정치의 대가인 극신(劇辛)이 왔다. 이들의 도움으로 소왕은 오래지 않아 드디어 제국과 함께 제(齊)나라를 격파하여 숙원(宿怨)을 이루었다.

말입니다. 그는 연燕나라가 제齊나라에게 격파되어 영토의 태반이 제나라의 지배아래 있게 되었습니다. 최악의 상황이었지만 왕위에 오른 이후 전심전력으로 국위선양과 실지회복에 힘쓰고, 특히 인재를 구하는데 무엇보다 열심이었습니다.

그렇다면 리더나 인재가 되기에 앞서 몸이 제대로 서야 하는데, 이는 무엇으로 해야 할까요? 바로 도道로써 닦아야 합니다. '도'가 존재해야 올바르게 움직일 수 있기 때문입니다. 하지만 이 '도'가 모양만 겨우 갖춘 존재로는 부족합니다. 때문에 도를 닦는 것은 인仁에 바탕 해야 한다고 하는 것입니다. 인이 굳건해야 도를 구축할 수 있고, 도를 구축해야 지도력이 발할 수 있는 것이지요. 그러므로 세상에서는 지도자는 밝고, 참모는 어질어야 한다고 하는 것입니다. 문왕과 무왕의 정치가 이러 하였습니다. 시급히 정치의 격을 올리기 위해서는 문왕과 무왕의 지도력을 실천해야 하겠습니다.

지인용知仁勇

중용

(공자가 이르기를,) "배우기를 좋아하는 것은 지知에 가깝고, 힘써 행하는 것은 인仁에 가깝고, 부끄러움을 아는 것은 용勇에 가깝다. 이 세 가지를 알면 몸 닦을 바를 알 것이요, 몸 닦는 바를 알면 사람 다스릴 바를 알 것이요, 사람 다스릴 바를 알면 천하 국가 다스릴 바를 알 것이다."

원문

(子曰) 好學은 近乎知하고 力行은 近乎仁하고 知恥는 近乎勇이니라 知斯三者면 則知所以修身이요 知所以修身이면 則知所以治人이요 知所以治人이면 則知所以治天下國家矣리라

자해

* 호乎 : 음절을 조정하고 어기를 고르는 어기조사. 지知 : 지智와 같음. 사斯 : 이것, 사물을 가리키는 대명사. 사삼자斯三者 : 호학好學과 역행力行, 지치知恥를 지칭. 인人 : 나와 다른 '남'을 뜻함. 천하국가天下國家 : 세상의 모든 사람을 말함. 의矣 : 단정적인 어기를 표시하는 어기조사.

해역

호학은 지知에 가깝고, 역행은 인仁에 가깝고, 지치는 용勇에 가깝다고 하는 이른바 세 가지 덕德을 드높이기 위해서는 어떻게 해야 할까요? 첫째, 큰 지혜를 발휘해야 하고 둘째, 인仁이 지극해야 하며 셋째, 큰 용기가 담보되어야 합니다. 다시 말해 큰 지혜를 발휘하기 위해서는 먼저 배우기를 좋아해야 하고, 인仁이 지극해지기 위해서는 진실로 힘써 행하는 것이 사사롭지 않아야 하며, 큰 용기가 담보되기 위해서는 남보다 못함을 부끄러움으로 여겨, 끊임없이 이를 극복하기 위해 노력해야 한다는 것입니다.

군자가 이 세 가지의 덕德을 진실로 인식하면, 곧 배우지 않을 수 없어서 결국 큰 지혜에 가까워질 것이고, 힘써 행하는 것도 게을리 하지 않아 결국 인仁에 가까워질 것이며, 부끄러움 또한 극복하기 위해 노력하면 결국 큰 용기에 가까워질 것이라는 말입니다. 이러한 세 가지 덕이 닦이면, 나의 몸을 다스리듯 남의 몸도 다스릴 수 있습니다. 남의 몸을 다스릴 수 있다는 것은, 세상의 모든 사람을 다스릴 수도 있다는 말입니다. 천하를 다스린다는 것도 가깝게는 지인용知仁勇으로부터 비롯됨을 알 수 있습니다.

범사凡事

풀이

모든 일은 미리하면 성립되고, 미리하지 않으면 폐해진다. 말을 미리 정하면 차질이 없고, 일을 미리 정하면 곤궁하지 않고, 행동을 미리 정하면 병폐가 없고, 도道를 미리 정하면 궁하지 않다.

원문

凡事는 豫則立하고 不豫則廢하나니 言前定則不跲하고 事前定則不困하고 行前定則不疚하고 道前定則不窮이니라

자해

* 범凡 : 무릇, 모두. 범사凡事 : 모든 일. 예豫 : 미리 정하는 것. 폐廢 : 폐하다. 겁跲 : 넘어지다, 쓰러지다. 곤困 : 괴롭다, 곤란하다, 곤궁하다. 구疚 : 병病과 같음. 도道 : '방법적인 도'를 뜻함. 궁窮 : 궁하다.

해영

어떤 것도 하루아침에 이루어지는 법은 없습니다. 평소 수많은 시간을 투자해야 성과를 낼 수 있는 것이지요. 가령 미리 공부하지 않고서 결과물을 기대하는 것은 마치 나무에 올라 물고기를 잡으려는 것과 같은 경우일 것입니다. 말하기 또한 마찬가지입니다. 미리 할 말을 정해 놓고 하면 차질을 빚지 않을 것이고, 사업도 사전에 착실하게 준비하여 실행하면 곤란함에서 멀어질 수 있습니다. 행동거지 하나도 소홀히 할 수 없듯, 모든 일은 도道, 즉 '방법'을 미리 알아야만 합니다. 일의 방법을 아는가의 여부에 따라 삶의 질은 천양지차天壤之差로 달라집니다. 도道를 미리 정하는 이유가 여기에 있습니다.

천도와 인도

중용

성실한 것은 하늘의 도道요, 성실히 하려는 것은 사람의 도道이다. 성실한 것은 힘쓰지 않고도 '도'에 맞으며, 생각하지 않고도 알아서 자연스럽게 '도'에 맞으니 성인聖人이요, 성실히 하려는 것은 선善을 택하여 굳게 잡는 것이다.

원문

誠者는 天之道也요 誠之者는 人之道也니라 誠者는 不勉而中하며 不思而得하여 從容中道하나니 聖人也요 誠之者는 擇善而固執之者也니라

자해

* 성자誠者 : 중용의 핵심, 진실하여 거짓이 없는 천리天理의 본연한 것, 즉 우주의 철학적 본질을 뜻함. 천지도天之道 : 하늘의 도. 따라서 여기서의 지之는 주격조사로 쓰임.
* 성지자誠之者 : 타인과의 관계에서 진실하여 거짓이 없고자 노력함. 인사人事의 당연함. 여기서의 지之는 대명사로 그것, 즉 성실한 것을 지칭. 종용從容 : 자연스러움.
* 택선이고집擇善而固執 : 유가儒家에서의 인간은 도덕적 인간을 지향. 마땅히 성선性善을 발현해야 함. 이를 위해서는 의지를 굳건히 해야 함. 이而 : 순접관계를 표시하는 접속사. 두 개의 동작이나 상황을 순차적으로 연결해준다.

해영

중용의 핵심 가르침의 한 부분이라 할 수 있는 대목입니다. 여기서 말하는 성誠은 진실하여 거짓이 없는 천리天理의 본연한 것을 이릅니다. 이를 온전하게 하는 사람은 사실상 태어나면서 알기 때문에 힘쓰지 않아도 스스로 중中에 들어맞지 않음이 없고, 생각하지 않아도 도道를 얻는다고 합니다. 이런 사람들을 흔히 성인聖人이라고 하지요. 성인은 성誠하지 않음이 없어서, 우주 자연의 질서와 더불어 삽니다. 때문에 이른바 '하늘의 도'라고 하는 것이지요.

하지만 이 성誠에 이르지 못한 사람들은 힘쓰지 않으면 중中에 들어맞지 못하고, 생각 또한 하지 않으면 도道를 얻지도 못합니다. 때문에 항상 이치에 따라 선善을 택해 밝혀야 합니다. 이는 하늘의 이치와는 다르게 물욕物欲에 얽매여 성誠하지 못하는 경우가 있기 때문입니다. 그러므로 성誠하고자 노력하는 것이 바로 인도人道입니다. 진실 되고 거짓이 없는 마음으로 하늘의 이치에 부합되도록 힘쓰는 자세, 그것이 이른바 '사람의 도'라고 하는 것입니다.

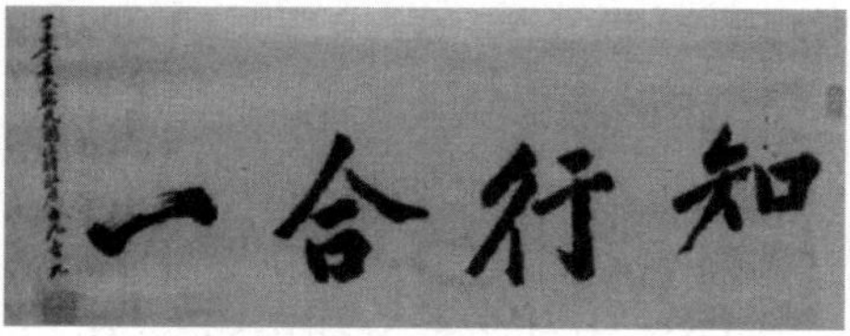

지행합일

중용

널리 배우며, 살펴 물으며, 삼가 생각하며, 밝게 분변하며, 독실篤實히 행하라.

원문

博學之하며 審問之하며 愼思之하며 明辨之하며 篤行之니라

자해

* 박학博學 : 널리 배우다. 지之 : 박학博學의 내용을 가리키는 인칭대사人稱代詞. 대사는 대명사뿐 아니라 형용사적 성격을 지닌 것, 부사적 성격을 지닌 것까지 포괄.
* 심문審問 : 살펴 묻다. 신사愼思 : 삼가 생각하다. 명변明辨 : 밝게 분변하다. 독행篤行 : 끊임없이 실천함.

해영

『중용中庸』에서 말하는 공부의 첫 단계는 '박학博學'과 '심문審問'을 듭니다. 박학은 '널리 배움'을 뜻하고, 심문은 '자세하게 살펴 묻는 것'을 의미합니다. 다시 말해 '밖에서 배운다'는 의미에서 외지外知 혹은 견문지지見聞之知라 합니다. 그리고 '신사愼思'와 '명변明辨'을 듭니다. 신사는 말 그대로 '신중하게 사색하는 것'을 뜻하고, 명변은 '밝게 분변하는 것'을 의미합니다. 이는 스스로의 사색과 분변을 통해 얻는다는 의미에서 내지內知 혹은 자득지지自得之知라 합니다. 말하자면 박학과 심문이 '외지', 신사와 명변이 '내지', 이를 합해 이른바 지(知 : 擇善)라고 부릅니다.

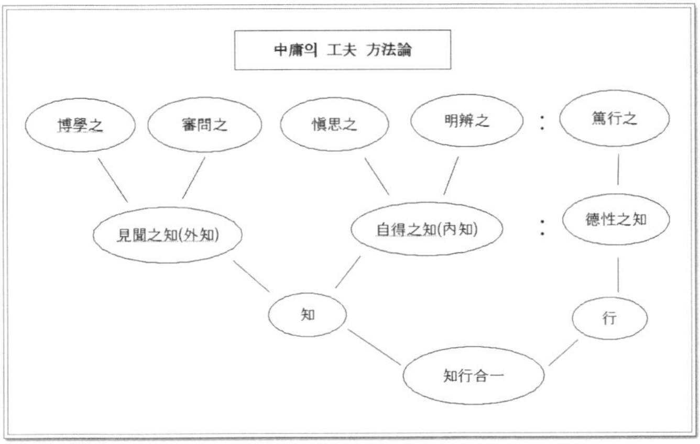

그렇다면 실천부분은 무엇일까요. 중용에서는 독행篤行을 들고 있습니다. '독실하게 실천함'을 뜻하는데, 이를 덕성지지德性之知라 합니다. 덕성지지가 이른바 행行이 되는 것인데, 이때 수신修身과 처사處事에 있어서 고집固執하는 것이 바로 행行이 되는 것이지요. 그러므로 위에서 언급한 박학과 심문, 신사, 명변을 통한 '지'와 덕성으로 이루어진 '행'이 결합하면, 지행합일知行合一 혹은 지행일치知行一致가 되는 것입니다. 공부는 모름지기 지행知行이 합일될 때, 올바른 공부라 합니다. 공부하는 사람들이 지행합일을 부르짖는 이유가 여기에 있다 하겠습니다.

달도달덕達道達德

중용

배우지 않을지언정 배운다면 능하지 못한 것을 놓지 않으며, 묻지 않을지언정 묻는다면 알지 못하는 것을 놓지 않으며, 생각하지 않을지언정 생각한다면 얻지 못한 것을 놓지 않으며, 분변하지 않을지언정 분변한다면 밝지 못한 것을 놓지 않으며, 행하지 않을지언정 행한다면 독실하지 못한 것을 놓지 않는다. 남이 한 번에 능하거든 나는 백 번을 하며, 남이 열 번에 능하거든 나는 천 번을 해야 한다. 과연 이 도(道 : 방법)에 능하면, 비록 어리석으나 반드시 밝아지며, 비록 유약하나 반드시 강해질 것이다.

원문

有弗學이언정 學之인댄 弗能을 弗措也하며 有弗問이언정 問之인댄 弗知를 弗措也하며 有弗思이언정 思之인댄 弗得을 弗措也하며 有弗辨이언정 辨之인댄 弗明을 弗措也하며 有弗行이언정 行之인댄 弗篤을 弗措也하여 人一能之어든 己百之하며 人十能之어든 己千之니라 果能此道矣면 雖愚나 必明하며 雖柔나 必强이니라

자해

* 불弗 : 불不과 같음. 조措 : 두다, 놓다, 버려두다. 부조弗措 : 놓지 않다. 변辨 : 분별하다, 분변하다. 독篤 : 도탑다, 신실하다, 독실하다.
* 우愚 : 어리석다, 어리석은 사람. 명明 : 선善을 선택하는 일. 유柔 : 부드럽다, 유약하다. 강强 : 굳게 잡음의 효력.

해영

'안다'는 것은 무엇일까요? 선善은 또 무엇일까요? 애초부터 배우지 않는다면 그만이겠지만, 무엇인가를 배운다면 몸을 바로하고 힘을 쓰지 않으면 능숙해지지 않습니다. 묻는 것도 마찬가지입니다. 애초부터 묻지 않으면 그만이겠지만, 묻는다면 제대로 물어 확실히 알아야 합니다. 생각하는 것도 마찬가지입니다. 애초부터 생각하지 않으면 그만이겠지만, 생각한다면 반드시 일이관지一以貫之[83] 할 수 있을 만큼 해야 합니다. 분변하는 것도 기미幾微를 분석할 수 있을 만큼 해야 하고, 행하는 것도 독실함을 구하여 그 이치를 실천할 만큼 통달되도록 해야 합니다.

배우고, 묻고, 생각하고, 분변하고, 행하는 이 다섯 가지의 도道와 덕德을 통달시키기 위해서는 오직 '놓지 않으려는 확고한 마음'을 지녀야 합니다. 그리하여 '배워서 알고, 그것을 이롭게 여겨 행하는 사람'이 선善을 잡는데, 열 배의 공부로 가능하다면, 나는 천 배의 공부로 통달되도록 해야 합니다. 이러한 달도達道와 달덕達德을 지속하면

---

83 공자의 "자신의 도는 하나로 꿰뚫었다.(『논어』, 「里仁」 : 吾道, 一以貫之.)"는 데에서 나온 말이나, '학문의 근본은 일이관지(一以貫之), 즉 일관해야' 한다는 것이 그의 의도다.

비록 어리석은 사람이라도 반드시 밝아질 것이며, 비록 유약한 사람이라도 반드시 강해질 것입니다. 세상에 이러한 사람들이 많아져야 문화민족으로서의 긍지를 갖춘 강국이 될 수 있습니다. 모두가 애써야 하는 이유입니다.

성교性教

중용

성誠으로 말미암아 밝아짐을 성性이라 이르고, 명明으로 말미암아 성실해짐을 교教라 이르니, 성실하면 밝아지고, 밝아지면 성실해진다.

원문

自誠明을 謂之性이요 自明誠을 謂之教니 誠則明矣요 明則誠矣니라

자해

* 자自 : 유由와 같음. 즉 말미암다. 성誠 : 천도를 말함. 성性 : 본래의 성, 즉 인도를 말함. 의矣 : 필연의 결과를 표시하

는 어기조사.

해영

성誠으로 말미암아 밝아짐을 성性이라고 한 것은 천도天道, 즉 선천적인 의미이고, 명明으로 말미암아 성실해짐을 교教라 한 것은 인도人道, 즉 후천적인 노력의 결과를 의미합니다. 따라서 본래 지니고 있는 성性을 잘 발현시켜 나가면 성誠이 밝아진다는 것이고, 밝아지면 그것이 곧 성실하다는 것이지요. 이는 사람이 가르침으로부터 말미암아 본성을 회복하고, 이를 토대로 '인도'를 실천함으로써 '천도'에 부합하고자 하는 것입니다. 스스로 힘써 밝히는 것을 귀하게 여기는 것, 군자의 자세라 하겠습니다.

지성至誠

중용

오직 천하의 지극한 성誠이라야 능히 그 성性을 다할 수 있으니, 그 '성'을 다할 수 있으면 능히 사람의 성을 다할 수 있고, 사람의 성을 다할 수 있으면 능히 사물의 성을 다할 수 있고, 사물의 성을 다할 수 있으면 천지의 화육化育을 도울 수 있고, 천지의 화육을 도울 수 있으면 천지와 더불어 참여할 수 있을 것이다.

원문

唯天下至誠이어야 爲能盡其性이니 能盡其性이면 則能盡人之性이요 能盡人之性이면 則能盡物之性이요 能盡物之性이면 則可以贊天地之化育이요 可以贊天地之化育이면 則可以與天地參矣니라

자해

* 유唯 : 오직. 지성至誠 : 지극한 정성. 진盡 : 다하다. 성性 : 본성. 찬贊 : 돕다. 조助와 같음. 화육化育 : 조화롭게 태어나게 할 수 있는 것. 참參 : 천지인天地人이 나란히 참여하다.

해영

이 부분은 『중용』 제22장의 내용으로 이른바 천도天道에 관한 내용입니다. 한때 조선의 제22대 임금인 정조正祖를 배경으로 한 영화, 〈역린逆鱗〉으로 제작되어 세상에 많이 알려진 바 있습니다. 때마침 '세월호' 침몰로 인해, 최고 지

도자의 리더십 논란이 일기도 했었지요. 물론 원문과는 다소 차이를 보이지만, 다음과 같은 대사가 삽입되면서 세상에 많이 회자膾炙된 바 있습니다.[84]

지도자란 '작은 일도 무시하지 않고 최선을 다해야 한다. 작은 일에도 최선을 다하면 정성스럽게 된다. 정성스럽게 되면 겉에 배어 나오고, 겉에 배어 나오면 겉으로 드러나고, 겉으로 드러나면 이내 밝아지고, 밝아지면 남을 감동시키고, 남을 감동시키면 이내 변하게 되고, 변하면 생육된다. 그러니 오직 세상에서 지극히 정성을 다하는 사람만이 나와 세상을 변하게 할 수 있는 것이다.'

그렇습니다. 하늘이 명한 성誠은 진실하고 거짓이 없습니다. 오직 성인聖人의 마음이 지극히 진실하고 거짓이 없기 때문에 '본연의 성'인 천도天道를 실현할 수 있는 것이지요. 그러므로 사람들은 마땅히 주어진 본성을 잘 갈고

---

84 〈역린〉이라는 영화의 대사에서는 주로 『중용』 제23장에 대한 내용을 강조하고 있지만, 실재로는 『중용』 제22장, 즉 '천도' 내용을 아울러 적시했고, 대사의 내용 또한 각색하여 실었다. 인도(人道)에 관한 부분을 보면 다음과 같다. "그 다음은 한쪽으로 지극히 함이니, 한쪽으로 지극히 하면 능히 성실할 수 있다. 성실하면 드러나고, 드러나면 더욱 드러나고, 더욱 드러나면 밝아지고, 밝아지면 감동시키고, 감동시키면 변(變)하고, 변하면 화(化)할 수 있으니, 오직 천하(天下)에 지극한 성이라야 능히 화(化)할 수 있다."(『중용』 제23장 : 其次, 致曲, 曲能有誠, 誠則形, 形則著, 著則明, 明則動, 動則變, 變則化, 唯天下至誠, 爲能化.)

닦아 '성인'의 그것과 부합되도록 정성을 다해야 하는 것입니다. 천지가 화육化育되도록 도와야 함은 물론, 참여하는 데까지 이르러야 군자라 하겠습니다.

지성여신至誠如神

중용

'지극한 성의 도'는 미리 알 수 있으니, 국가가 장차 흥하려고 할 때는 반드시 상서로운 조짐이 있으며, 국가가 장차 망하려고 할 때는 반드시 요망스러운 일이 있어, 시초점과 거북점에 나타나며, 사체四體에서 동動한다. 그리하여 화禍와 복福이 장차 이르려고 할 때에 선善을 반드시 먼저 알며, 불선不善을 반드시 먼저 알게 된다. 그러므로 '지극한 성'은 신神과 같은 것이다.

원문

至誠之道는 可以前知니 國家將興에 必有禎祥하며 國家將亡에 必有妖孼하여 見乎蓍龜하며 動乎四體라 禍福將至에 善을 必先知之하며 不善을 必先知之니 故로

至誠은 如神이니라

자해

* 가이可以 : '~할 수 있다'라는 뜻의 조동사. 장將 : 장차. 흥興 : 일어나다. 정상禎祥 : 상서롭다. 복福의 조짐. 요얼妖孼 : 요망함, 화禍의 조짐.
* 시귀蓍龜 : 시초점 치는 것을 서筮라 하고, 거북점 치는 것을 복卜이라 한다. 사체四體 : 동작과 몸가짐을 뜻함. 신神 : 귀신을 말함.

해영

공자의 손자인 자사子思는 일찍이 도학道學이 전해지지 못할까 근심하다가 『중용』을 지었다고 합니다. 그가 '지극한 성의 도'를 강조한 것을 요약하면 다음과 같습니다.

일은 이 세상에 있는데 기미幾微가 먼저 보이고, 이치는 사람에게 있는데 혹 사사로움이나 거짓에 가려지는 경우가 있습니다. 오직 지극히 성실한 사람이라야 하늘의 이치가 혼연渾然하여 한 터럭의 사사로움이나 거짓[僞]이 없기 때문에 마음은 지극히 허虛하고 지극히 신령하여 이미 그러한 것을 볼 수 있을뿐만 아니라, 장차 그러할 것도 볼 수가 있으니 '지극한 성의 도'를 미리 알 수 있다는 것입니다. 하지만 지혜와 사사로운 꾀를 빌려 미리 알 수 있는 것은 아닌 것입니다.

이치가 이와 같기 때문에 국가가 장차 흥하려고 할 때에는 조화로운 기운이 복福되고 길吉한 조짐을 만들어 반드시 경사스럽고 복된 징조[祥瑞]가 때에 앞서 나타납니다. 그리고 국가가 장차 망하려고 할 때에는 어그러진 기운이 정상에서 벗어난 일들을 만들어 반드시 재앙의 징조[妖孼]가 어느 틈에 먼저 발생하게 됩니다. 뿐만 아니라 멀리 사물에서 취하면 변화가 시초점과 거북점에 길흉吉凶이 나타나고, 가까이 몸에서 취하면 말과 행동에서 작동하여 득실得失이 있게 됩니다.

경사스럽고 복된 징조[禎祥]의 길함과 얻음은 모두 복福이 장차 이르려고 할 때 그 이치가 먼저 보이는 것이고, 재앙이 일어날 징조[妖孼]의 흉함과 잃음은 모두 화禍가 장차 이르려고 할 때 그 이치가 먼저 보이는 것입니다. 지극히 성실한 사람은 몸이 맑고 밝아서 복이 장차 이르려고 할 때 반드시 일에 앞서 알 수가 있고, 화가 장차 이르려고 할 때에도 반드시 일에 앞서 알 수 있습니다. 대개 귀신은 화복의 기틀을 움직이고, 지극히 성실한 사람은 화복의 기미를 알 수 있습니다.

은미隱微함을 현저하게 밝히는 것은 귀신이고, 현저顯著함을 은미한 데에서 아는 것은 지극히 성실한 사람입니다. 진실로 어둠과 밝음幽明을 통하여 하나의 도가 되고, 하늘과 사람을 합하면 하나의 이치가 됩니다. 그러므로 지극히 성실한 사람은 귀신과 같다고 합니다. 이것이 성실한 것으로부터의 밝아짐이니 '하늘의 도'라고 합니다. 이처럼 나라의 흥망興亡은 사사로움에서 비롯됨을 알 수 있습니다. '선善을 택해 고집하는 것'이 천도天道에 부합하는 일이라 하겠습니다.

존덕성尊德性

중용

군자는 덕성德性을 높이고 문학(問學 : 學問)을 말미암으니, 광대廣大함을 지극히 하고, 정미精微함을 다하며, 고명高明함을 극진히 하고, 중용에서 말미암으며, 옛것을 익혀 새로운 것을 알며, 후厚함을 돈독히 하고 예禮를 높인다.

원문

君子는 尊德性而道問學이니 致廣大而盡精微하며 極高明而道中庸하며 溫故而知新하며 敦厚以崇禮니라

자해

* 존尊 : 공경하여 받드는 것. 덕성德性 : 하늘에서 받은 옳은 이치. 도道 : 말미암다. 문학問學 : 이른바 학문學問을 뜻함. 치致 : 이르다, 지극히 하다. 정미精微 : 정밀하고 자세하다. 극極 : 극하다, 극진하다.
* 온溫 : 불에 다시 익혀 따뜻하게 하는 것. 온고溫故 : 예전에 배운 것을 다시 때때로 익힘. 돈敦 : 돈독히 함. 후厚 : 후하다, 돈독하다. 이以 : 이而와 같음. 숭崇 : 높다, 존중하다. 숭례崇禮 : 예를 높이다.

해역

'하늘에서 받은 올바른 이치'를 덕성德性이라 합니다. 이것을 갈고 닦으면 도道가 되는데, 이를 이루려면 어떻게 해야 할까요? 먼저 그릇이 얼마나 되는지를 알아야 합니다. 무작정 덕성을 갈고 닦는다고 한들 이를 담아낼 그릇이 없다면 의미가 없는 것이지요. 이러한 자신의 그릇을 인식

하고 나서 이른바 학문學問을 해야 합니다. 무엇이 옳고 무엇이 그른지, 무엇이 선善이고 무엇이 악惡인지 끊임없이 묻는 것이지요. 이것이 넓고도 크게 진척되면 자신의 학문적 밀도는 정밀하고도 자세하게 될 것입니다.

여기서 '정밀하고 자세하다'는 것은 무엇을 의미할까요? 좁은 영역에서의 정미精微함을 뜻하는 것일까요? 아닙니다. 광대함 속에서의 정미를 의미합니다. 가령 일을 한다는 것은, 항상 광대한 사업의 일환 속에서 이루어집니다. 때문에 털끝만큼도 일이 어그러지지 않게 하려는 마음은 당연합니다. 따라서 일이 비록 작다고 하더라도 정미하지 않을 수 없는 것이지요. 마치 작은 부분을 잘 다스려야 큰 것을 이룰 수 있는 것과 같은 경우[85]라 하겠습니다. 이러한 모든 과정 속에는 바로 '덕성'이 자리 잡고 있습니다.

덕성이 담보되지 않으면 고명高明도 극진히 할 수 없고, 중용中庸도 따를 수 없습니다. 그러므로 늘 덕성을 갖추고 존중하는 가운데 학문을 해야 하는 것이지요. 가르쳐주지

---

85 찰미(察微)라는 말이 있다. 진(秦)나라 때, 여불위(呂不韋 : B.C. 290~B.C.236)에 의해 만들어진 『여씨춘추(呂氏春秋)』에 나오는 말로, '작은 부분을 잘 살펴야 함'을 뜻한다. 가령 암세포를 초기에 발견하면 치유하기 쉽듯, 사태가 커지기 전에 조기에 기미(幾微)를 파악하는 일은 무엇보다 중요하다는 의미다.

않아도 아는 것을 '양지良知'라 하고, 가르쳐주지 않아도 할 수 있는 능력을 '양능良能'이라 합니다. '양지'와 '양능'을 합한 것을 덕성德性이라 한다면, 날마다 옛것을 익혀 새로운 것을 알아야 합니다. 이러한 원리를 후厚하고 돈독히 하면 예禮 또한 숭상할 수 있음은 말할 것도 없습니다. 덕성을 부지런히 닦고 존중해야 하겠습니다.

거상불교居上不驕

중용

윗자리에 거해서는 교만하지 않고, 아랫사람이 되어서는 배반하지 않는다. 나라에 도道가 있을 때에는 그 말이 족히 흥기興起시킬 수 있고, 나라에 '도'가 없을 때에는 그 침묵이 족히 용납할 수 있다.

원문

居上不驕하며 爲下不倍라 國有道에 其言이 足以興이요 國無道에 其默이 足以容이니라

자해

* 교驕 : 교만하다. 배背 : 등지다, 배반하다, 배倍와 같음. 홍興 : 홍기하여 지위에 있음을 말함. 묵默 : 침묵하다. 용容 : 용납하다.

해역

군자가 도道를 닦고 덕德을 쌓으면 처신함이 마땅해집니다. 때문에 지위가 높아져도 교만하지 않고 주변사람들과도 무난하게 지낼 뿐 아니라 천지天地와 더불어 화육化育합니다. 또 지위가 낮아도 자신의 분수를 지켜가며 역시 천지와 더불어 화육하면서도 배반背反하지 않습니다.

이러한 사람이 나라에 '도가 있을 때'에는 높은 지위에 올라 자신의 생각을 유감없이 펼쳐도 나라가 흥합니다. 하지만 나라에 '도가 없을 때'에는 말을 조심하지 않을 수 없습니다. 침묵하는 게 화禍를 당하지 않는 비결입니다. 군자는 이처럼 위아래를 막론하고 진퇴進退가 명확합니다.

왕천하王天下

중용

천하를 다스리는 데에 '세 가지 중요한 것'이 있으니, (이 것을 잘 행하면) 허물이 적을 것이다.

원문

王天下 有三重焉이니 其寡過矣乎인저

자해

* 왕王 : 왕 노릇하다. 즉 다스리다. 삼중三重 : 의례議禮와 제도制度, 고문考文을 말한다. 언焉 : 음절을 조정하고 어기를 고르는 어기조사.
* 과寡 : 적다. 과過 : 허물, 실수. 의矣 : 동작이 이미 완료되었음을 표시하는 어기조사.

해영

천하를 다스리는 데에는 지위가 높은 사람이 필요합니다. 하지만 지위가 높다고 교만해선 곤란하지요. 민중이 따르지 않기 때문입니다. 그렇다면 지위가 높으면서도 교만하지 않다는 것은 무엇을 말하는 것일까요? 이른바 '세 가지 중요한 것'이라 할 수 있는데, 예禮를 논의하고, 법도法度를 제정하며, 문자文字를 상고하는 것을 들 수 있습니다.

이 세 가지만으로도 사실 천하의 풍속을 가지런히 할 수 있습니다. 때문에 민중들은 이를 따르기만 해도 허물이 적어진다는 것이지요. 따라서 천하를 다스리든 작은 소도시를 다스리든 원리는 다르지 않음을 알 수 있습니다. 민중이 '예를 논하고, 법도를 따르며, 문자를 상고할 수 있도록 하는 것'이야 말로 '다 살림', 즉 천하를 다스리는 것이지요.

군자지동君子之動

중용

군자는 움직임에 대대로 천하의 도가 되는 것이니, 행함에 대대로 천하의 법이 되며, 말함에 대대로 천하의 준칙이 된다. 멀리 있으면 우러러봄이 있고, 가까이 있으면 싫지 않다.

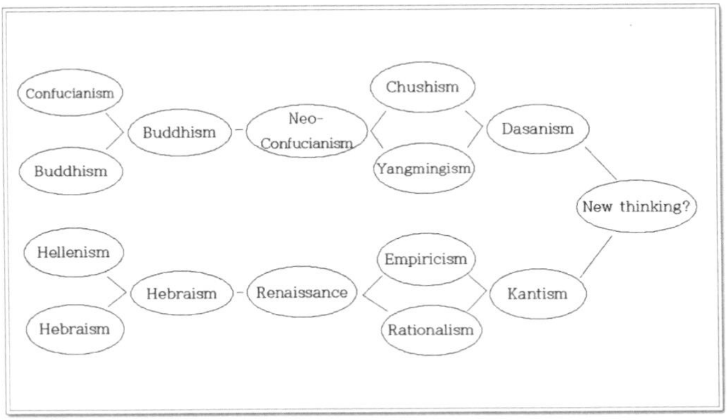

원문

君子는 動而世爲天下道니 行而世爲天下法하며 言而世爲天下則이라 遠之則有望하고 近之則不厭이니라

자해

* 동動 : 움직임, 말과 행동을 겸하여 말함. 세世 : 대대로. 도道 : 법칙을 겸하여 이름. 법法 : 법도. 칙則 : 준칙準則을 말함. 망望 : 우러러보다. 염厭 : 싫다.

해영

지금으로부터 2천 년 전만 해도 동서양 사상이 교류한 흔적은 없습니다. 그럼에도 사상적 패러다임은 유사성이 있습니다. 가령 동양의 경우, 유교(儒教 : Confucianism)가 굳건히 자리를 지키고 있었으나, 불교(佛教 : Buddhism)가 유입되면서 대립하기 시작했지요. 결국 불교를 신봉하는 민중들이 많아지면서 자연스럽게 불교가 세勢를 떨쳤지요. 그러다가 송나라의 주희(朱熹 : 朱子)라는 걸출한 학자가 나타나 '본래 사상'을 부르짖으면서 들고 나온 것이 이른바 신유교(新儒教 : Neo Confucianism)입니다. '주류'라고 할 수 있는 주자주의Chushism에 양명주의Yangmingism가 출현하여 또 다시 양분되어 오다가 정약용(丁若鏞 : 1762~1836)이 실학사상實學思想을 기치로 집대성Dasanism하였습니다.

서양의 사상적 패러다임도 동양의 그것과 유사한 과정을 거칩니다. 헬레니즘Hellenism이라는 이른바 '주류 사상'이 존재했으나, 헤브라이즘Hebraism이 유입되면서 대립하기 시작했지요. 결국 헤브라이즘이 승리하면서 오랫동안 세勢를 과시했지요. 그러다가 '본래 사상'을 부르짖으며 들고 나온 것이 이른바 문예부흥, 즉 르네상스Renaissance입니다. 여기서 경험주의Empiricism와 합리주의Rationalism로 나뉘어 팽팽히 맞서다가 칸트(Kant : 1724~1804)라는 걸출한 학자가 나타나 집대성Kantism합니다. 21세기 오늘날, 어떤 군자가 나타나 동양과 서양의 사상적 패러다임을 새롭게 집대성New Thinking할 것인지 초미焦眉의 관심사가 되고 있습니다. 민중의 삶의 질이 직결되기 때문이지요.

이처럼 군자가 사람들 삶의 이치를 알아서 천하의 예禮를 논하고, 법도法度를 제정하며, 문자文字를 상고하는 것을 성립시켜 준다면, 그야말로 움직임[動]에 대대로 천하의 도道가 될 것이고, 행行함에 대대로 천하의 법도가 될 것이며, 말[言]함에 대대로 천하의 준칙이 될 것임은 두말할 필요도 없을 것입니다. 가령 도로명道路名에 '세종로, 성호로, 정조로', 건물명建物名에 '퇴계관, 율곡관, 다산관' 등은 그들의 사상을 본받아 후손에게 이어주겠다는 의지의 표현임을 감안하면, 쉽게 이해가 됩니다. 이러한 군자가 멀리 있으면 우러러보지 않을 수 없고, 가까이 있으면 싫지 않을 뿐 아니라 오히려 영광榮光일 것입니다. 군자의 움직임은 이러한 것입니다. 가볍게 처신할 수 없는 이유입니다.

참고문헌

1. 한국

『退溪全書』, 『栗谷集』, 『南冥集』, 『弘齋全書』, 『推測錄』, 『人政』, 『朝鮮王朝實錄』, 『類選』.

김해영, 『공직자, 논어를 읽다』, 안티쿠스, 2014.

김해영, 『지금은, 정조를 읽어야 할 시간』, 안티쿠스, 2013.

김해영, 『철학자, 정조의 효치를 분석하다』, 안티쿠스, 2012.

김혁제 교, 『논어집주』, 명문당, 2001.

류종목, 『논어의 문법적 이해』, 문학과 지성사, 2005.

박종현 역, 『국가』, 서광사, 2001.

박종현 역, 『플라톤』, 서울대학교출판부, 1992.

성백효 역, 『대학 · 중용집주』, 전통문화연구회, 1999.

성백효 역, 『논어집주』, 전통문화연구회, 2000.

성백효 역, 『맹자집주』, 전통문화연구회, 1999.

오석원, 『한국 도학파의 의리사상』, 성균관대학교출판부, 2005.

유교문화연구소, 『대학 · 중용』, 성균관대학교출판부, 2007.
유교문화연구소, 『논어』, 성균관대학교출판부, 2005.
유교사전편찬위원회, 『유교대사전』, 박영사, 1990.
윤무학, 『순자』, 성균관대학교출판부, 2005.
이기동, 『대학 · 중용강설』, 성균관대학교출판부, 2000.
이기동, 『논어강설』, 성균관대학교출판부, 1999.
이기동, 『서경강설』, 성균관대학교출판부, 2007.
정옥자, 『정조의 교화사상』, 서울대학교규장각, 1996.
한국철학사상연구회, 『철학대사전』, 동녘, 1997.

2. 중국

『小學』, 『大學』, 『論語』, 『論語注疏』, 『孟子』, 『中庸』, 『詩經』, 『書經』, 『禮記』, 『周禮』, 『春秋左氏傳』, 『周易』, 『荀子』, 『史記』, 『道德經』, 『莊子』, 『管子』, 『淮南子』, 『呂氏春秋』, 『漢書』, 『後漢書』, 『性理大全』, 『韓非子』, 『孝經』, 『山海經』.

찾아보기

[ㄱ]

『강고(康誥)』 22, 24
거상불교(居上不驕) 269
거일우불이삼우반(擧一隅不以三隅反) 93
격물(格物) 17, 20, 22~23
견득사의(見得思義) 185, 207
경공(景公) 136
경험주의(Empiricism) 274
계강자(季康子) 140~141
계로(季路) 65, 125
교화(敎化) 58~60, 134, 141~142, 149, 189
구사(九思) 185
군자(君子) 22, 25, 28, 32, 44, 46~50, 54~55, 62~64, 69, 77, 79~80, 97, 102~106, 117, 119~120, 138~139, 147, 153~157, 165~166, 171~172, 174, 178~181, 183~185, 189, 195, 197~198, 208, 218, 220~224, 229~235, 237~239, 249, 260, 263, 266, 270, 272, 274~275
군자탄탕탕(君子坦蕩蕩) 102

궁구(窮究) 15, 18, 164
권근(權近) 204
권도(權道) 202, 204
권학(勸學) 181
극기복례(克己復禮) 129, 131
극기복례위인(克己復禮爲仁) 130
기미(幾微) 18~19, 149, 258, 264~265, 268
기자(箕子) 199~201
김굉필(金宏弼) 113
김정희(金正喜) 206

[ㄴ]

남면(南面) 58~59, 167

[ㄷ]

대기설법(對機說法) 67
덕성지지(德性之知) 256
도가(道家) 49
도목정사(都目政事) 69
독행(篤行) 254, 256
동이불화(同而不和) 153

[ㄹ]

르네상스(Renaissance) 274

[ㅁ]

명변(明辨) 254~255
명명덕(明明德) 6, 14
모사공(貌思恭) 185
문질빈빈(文質彬彬) 79
미당(未堂) 129
미성일궤(未成一簣) 116
미자(微子) 199~201
민자건(閔子騫) 51
민중(民衆) 14, 16, 18, 20~27, 32, 34, 36~38, 43~44, 58~60, 66, 68, 72, 74, 77, 88, 90, 103~110, 114, 116, 124, 126~127, 133~135, 140, 141, 144~149, 158~161, 166~167, 169~175, 181~187, 189, 195, 198, 201, 204, 206, 208, 210, 212~214, 217, 225, 231, 245, 246, 271~272, 274~275

[ㅂ]

박학(博學) 254~256
백락(伯樂) 228
부재기위(不在其位) 110

분사난(忿思難)	185
불가(佛家)	31, 49, 75~76
불교(佛敎)	94, 274
불파만 지파참(不怕慢 只怕站)	116
비간(比干)	199~201
비례물동(非禮勿動)	131
비례물시(非禮勿視)	130
비례물언(非禮勿言)	130
비여위산(譬如爲山)	130

[ㅅ]

『사기(史記)』	21
사사경(事思敬)	185
『산해경(山海經)』	21
삼강령(三綱領)	15~16, 24, 216
상지하우(上知下愚)	187
색사온(色思溫)	185
생이지지(生而知之)	182
『서경(書經)』	21, 205~206
성상근습상원(性相近習相遠)	186
성의(誠意)	17, 20, 20~23
소왕(昭王)	246
소인장척척(小人長戚戚)	102
소크라테스(Socrates)	244~245
솔선수범(率先垂範)	60, 140~142

송시열(宋時烈) 205
수기안인(修己安人) 140
수기치인(修己治人) 17, 159
수복일궤(雖覆一簣) 116
수신(修身) 17, 19~22, 256
숙량흘(叔梁紇) 71
순자(荀子) 67
『순자(荀子)』 69
『시경(詩經)』 23, 25, 232
시사명(視思明) 185
식불염정(食不厭精) 122
신농씨(神農氏) 21
신민(親民) 17,18, 22, 24~25, 27
신사(愼思) 254~256
신유교(新儒教) 274
심문(審問) 254~256

[ㅇ]

안연(顏淵) 129~130, 132, 227
「안연(顏淵)」 67, 129
애공(哀公) 66~67, 242~243
양능(良能) 269
양심막선어과욕(養心莫善於寡欲) 97
양지(良知) 269
언사충(言思忠) 185

여불위(呂不韋) 19, 168
『여씨춘추(呂氏春秋)』 19, 21, 168
염유(冉有) 51, 146
예기(禮器) 71
『예기(禮記)』 31, 203
예악사어서수(禮樂射御書數) 91
오호(惡好) 176
온고이지신(溫故而知新) 61
왕도정치(王道政治) 60, 149, 205
원려(遠慮) 170~171
위기지학(爲己之學) 48~49
위인지학(爲人之學) 49
유교(儒教) 274
유약(有若) 51
유자(有子) 50~51
유하혜(柳下惠) 202~203
육언육폐(六言六蔽) 190~191
의사문(疑思問) 185
이기호발설(理氣互發說) 31
이언적(李彦迪) 204
이이(李珥) 205
이인위미(里仁爲美) 73
이황(李滉) 205
인부지이불온(人不知而不慍) 47
인자요산(仁者樂山) 86
일민(逸民) 203
일이관지(一以貫之) 258

[ㅈ]

자강불식(自强不息) 6, 117

자공(子貢) 133~134, 142

자로(子路) 65~66, 125, 127~128, 144, 190

자사(子思) 264

자산(子產) 162~163

자하(子夏) 208

장자(張子) 240,

적폐(積弊) 77, 192

절차탁마(切磋琢磨) 16

정곡(正鵠) 235~237

정명론(正名論) 136

정심(正心) 17, 22~23

정이(鄭頤) 15, 31, 43

정자(程子) 15, 240

제가(齊家) 17, 22~23

조간자(趙簡子) 38

조광조(趙光祖) 205

조식(曺植) 113, 206

주(紂) 24, 199, 200

주기(主氣) 31

주리(主理) 31

주이불비(周而不比) 63

주자(朱子) 4, 42~43, 240

주자주의(朱子主義) 274

주희(朱熹) 274

중유(仲由) 65
중화(中和) 128, 220, 222
증삼(曾參) 51
증자(曾子) 51, 106
지기(志氣) 87
지어지선(止於至善) 14~15, 18
지인용(知仁勇) 248~249
지자요수(知者樂水) 86
지치주의(至治主義) 205
지행합일(知行合一) 48, 59, 254, 256
지호락(知好樂) 81~83
집단지성(集團知性) 75

[ㅊ]

찰미(察微) 19, 268
천도(天道) 251, 259~262
천명(天命) 20, 23, 25, 149, 179~181, 239
청사총(聽思聰) 185
최한기(崔漢綺) 126
치국(治國) 17, 22~23
치우(蚩尤) 21
치지(致知) 17, 20, 22~23
칠정(七情) 31

[ㅋ]

칸트(Kant) 274

[ㅌ]

타산지석(他山之石) 62, 213
탕왕(湯王) 22~25
탕탕척척(蕩蕩戚戚) 102
택불처인(擇不處仁) 73
택선이고집(擇善而固執) 252
통달 18, 49, 50, 80, 93, 165~166, 197, 228, 258

[ㅍ]

팔조목(八條目) 16, 20
페리클레스(Pericles) 244~245
평천하(平天下) 17, 22~23

[ㅎ]

학이불염(學而不厭) 88, 90
학이지지(學而知之) 182
한유(韓愈) 31

합리주의(Rationalism)	274
향원(鄕原)	193~194
헤브라이즘(Hebraism)	274
헬레니즘(Hellenism)	274
혈구(絜矩)	32, 34~36
형이상학(形而上學)	84~85
형이하학(形而下學)	84
『홍재전서(弘齋全書)』	69
화이부동(和而不同)	153
활연관통(豁然貫通)	94
황제(皇帝)	20~21, 212
황제(黃帝)	21
희로애구애오욕(喜怒哀懼愛惡欲)	31

삼서강의

발행일 | 초판 1쇄 2015년 8월 20일
지은이 | 김해영
펴낸이 | 고진숙
펴낸곳 | 안티쿠스
책임편집 | 김종만
북디자인 | 씨엘, 배경태
CTP출력·인쇄 | 천일문화사
제본 | 대흥제책
물류 | 문화유통북스
출판등록 | 제300-2010-58호(2010년 4월 21일)
주소 | 110-816 서울시 종로구 자하문로 266, 612호
구) 서울시 종로구 부암동 129-8 울트라타임730오피스텔 612호
전화 | 02-379-8883, 723-1835
팩스 | 02-379-8874
이메일 | mbook2004@naver.com

값은 뒤표지에 있습니다.

ISBN 978-89-92801-35-5 03140

이 도서의 국립중앙도서관 출판시도서목록(CIP)은 서지정보유통지원시스템 홈페이지(http://seoji.nl.go.kr)와 국가자료공동목록시스템(http://www.nl.go.kr/kolisnet)에서 이용하실 수 있습니다.(CIP제어번호:2015021621)